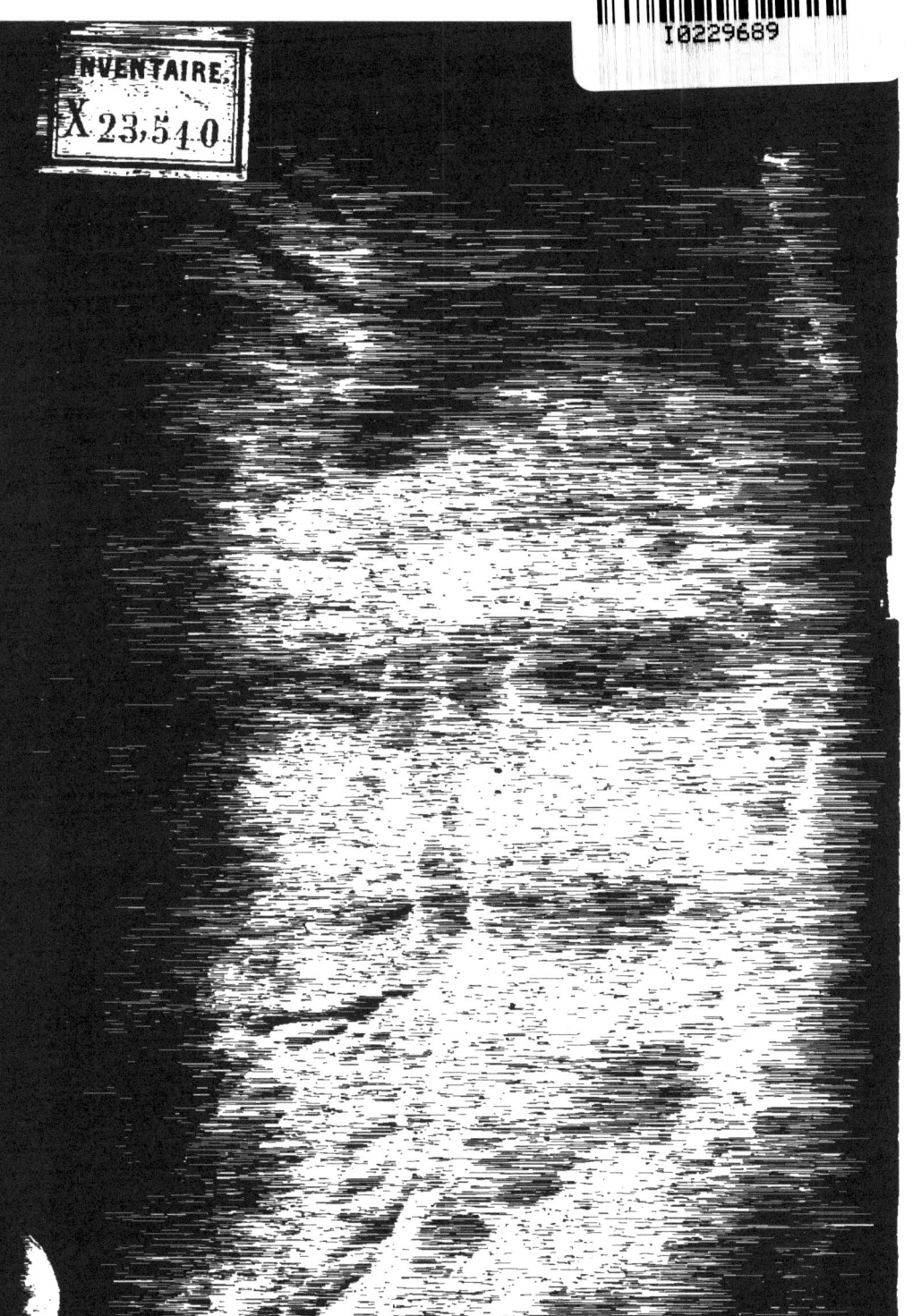

COURS
DE VERSIONS.
SIXIÈME.

COURS DE VERSIONS

A L'USAGE DES SIXIÈMES.

VERSION 1.

Amor studii.

Iis ipsis rebus quas discimus et cognoscimus, invitamur ad cognoscendum et discendum. Videmus eos, qui ingenuis artibus delectantur, quandoque negligere et valetudinem et rem familiarem, ut discant. Tanto studii ardore flagrabat Archimedes ut, dum in pulvere quædam attentius describeret, non senserit patriam suam esse captam. Pythagoras et Plato barbaras regiones obierunt, maria transmiserunt, ut eo irent ubi aliquid discere possent.

VERSION 2.

Aristidis laudes.

Justitia est omnium regina virtutum. Ejus splendor est maximus. Aristides unus e Græcis cognominatus fuit justus. Is natus erat Athenis. Jam a pueritia, nunquam ab eo, quod justum videbatur, discessit; nullum mendacium, nullam fraudem, ne joco quidem, admisit. Nunquam potentium amicorum præsidio niti voluit, sed consiliis factisque utilibus et justis patriam juvit. Ipsius animum non inflabant secundæ res, hunc non fregerunt adversæ. Patriæ proderat sine ullo præmio.

VERSION 3.

Leo et rana.

Leo, auditis ranæ clamoribus, quos illa toto rictu edebat quam maximos, primum valde perculsus animo est, quod crederet ingentem animantem esse auctorem tanti clamoris. Animo tamen confirmato, circumspicere, et contra illum clamatorem, quisquis esset, sese parare cœpit et ad pugnam accingere; quum videt prorepentem ranam de propinquo lacu. Ibi leo, simul indignatione, simul etiam pudore affectus, pede illam conculcatam attrivit. Docet fabula, non esse ad quemlibet strepitum expavescendum, neque nos inexplorata re terreri oportere.

VERSION 4.

Agesilai abstinentia.

Agesilao favit fortuna in tribuendis animi virtutibus; sed maleficam hanc vir iste nactus est in corpore. Exiguus enim erat et claudus altero pede, unde fiebat, ut eum ignoti contemnerent, quum faciem ejus intuerentur; qui autem ipsum noverant, non poterant satis eum admirari. Enimvero, quis non mirari potuisset regem tantis ornatum dotibus, qui tot ac tanta dedit abstinentiæ et virtutis exempla? Agesilaus unica veste quatuor anni tempestatibus utebatur : patrum domo fuit contentus, eaque ita erat instructa, ut nulla in re differret a privati et inopis domo.

VERSION 5.

Viri principis officia.

Qui reipublicæ præsunt, aut muneribus defunguntur amplissimis, in eo toti esse debent, ut utilitatem civium tueantur. Quæcunque agunt ad illam referre debent, obliti commodorum suorum. Universis consulant, neminemque negligant, ne inducant seditiones et discordias, a quibus abhorrere debet vir fortis et principatu dignus. Neque opes, neque potentiam consectentur, rem vero publicam sic tueantur, ut omnibus consulant. Justitiæ et honestati ita adhæreant, ut mortem oppetant potius quam illas deserant.

VERSION 6.

Aristonis laudes.

Diu jam in Urbe hæreo gravissima detentus sollicitudine : perturbat me longa et pertinax valetudo Aristonis, quem singulariter et miror et diligo. Nihil est enim illo sanctius et doctius, ut mihi non unus homo periculum adire videatur, sed litteræ ipsæ, omnesque artes in illo. Quam peritus ille et privati juris et publici! Quantum rerum, quantum antiquitatis tenet! Nihil est quod discere velis, quod ille docere non possit. Mihi certe, quoties aliquid abditum quæro, ille thesaurus est. Quam parcus in victu! quam modicus in vestitu! Ornat eum hæc magnitudo animi, quæ nihil ad ostentationem, omnia ad conscientiam refert, recteque facti non ex populi sermone mercedem, sed ex facto petit.

VERSION 7.

Voluntas ipsa nocendi peccatum.

Sunt homines adeo insani et cæci, ut putent, se culpa vacare, quia injuriam aliis non fecerunt, sed solum facere in animo habuerunt. Ii gravissime errant, quoniam aliquis potest esse nocentissimus, quamvis non nocuerit. Enimvero culpa commissa est, quamvis malum non sit factum. Latro antequam furatus sit, latro est, quia ipsa voluntas peccandi est peccatum. Bonus est non ille qui non facit injuriam, sed qui ne facere quidem vult; et qui legi divinæ et humanæ parere vult, is ne bonum quidem alienum debet appetere.

VERSION 8.

Rusticæ vitæ bona.

Rura silvæque meliora gaudia gratioresque habent delicias, quam usquam invenias. Hic scilicet adsunt sanitas, quies, et lætitia, et quæcunque ad animum bona pertinent. Hic labor, etiam assiduus, viribus augendis prodest, et corpora præstat firmiora, nedum frangat aut debilitet. Hic otia salubrem exercitationem præbent. Neve putes ruris pacem ac silentium studio litterarum minus esse opportuna ; pratis enim et silvis nescio quid poeticum inest, nec ullo usquam loco propius ad Deum et divina omnia mentes humanæ revocantur. Nec male dicebat vir quidam inclytus, se omnes quas haberet litteras in silvis et in agris didicisse meditando, et summum numen orando, maxime in illo naturæ spectaculo mirandum ; nec se meliores ullos habuisse magistros quam quercus et fagos.

VERSION 9.

Homo et statua.

Quidam domi suæ consecratam divi nescio cujus ligneam statuam habebat. Colere hanc et sertis ornare assidue solebat, et petere ab hac divitias et opes. Sed hoc quum frustra longo tempore fecisset, non modo non augebantur res ipsius, sed etiam diminuebantur. Iratus tandem apprehensum pedibus simulacrum terræ inflixit. Illiso autem forte in saxum capite, effractoque, magna vis auri effunditur, quod in eo fuerat inclusum. Hoc colligens ille : « Magna est, inquit, perversitas tua, dive, qui venerantem te neglexeris, et affligentem ditaveris. » Significat fabula, pravos non cultu, sed vi et adversando placari.

VERSION 10.

Reges romani.

Prima populi romani ætas et quasi infantia fuit sub regibus septem, sic ingenio variis, ut reipublicæ ratio et utilitas postulabat. Nam quid Romulo ardentius? Tali opus fuit, ut invaderet regnum. Quid Numa religiosius? Ita res poposcit, ut ferox populus deorum cultu mitigaretur. Quid ille militiæ artifex Tullus? bellatoribus viris quam necessarius, ut acquirerent ratione virtutem! Quid ædificator Ancus? ut urbem colonia extenderet, ponte jungeret, muro tueretur. Jam vero Tarquinii ornamenta et insignia, quantum principi populo addiderunt ex ipso habitu dignitatis! Creatus a Servio census quid efficit, nisi ut ipsa se nosceret respublica? Postremo Superbi illius importuna dominatio nonnihil, imo vel plurimum profuit. Sic enim effectum est, ut agitatus injuriis populus cupiditate libertatis incenderetur.

VERSION 11.

Periclis prudentia.

Pericles quotiescunque belli dux creatus esset, chlamydem induens, apud se dicere consueverat : « Attende, Pericles, quod gesturus es imperium in liberos homines, in Græcos, et in Athenienses. » His dictis se vir prudentissimus hortabatur, ut moderate gereret principatum. Magni ingenii est imperare liberis; porro, inter Græcos liberrimi Athenienses.

Suadebat Atheniensibus, ut Æginam tollerent, quod inde bellum oriturum suspicaretur. E corpore malos humores tollere medicorum est. Amico roganti, ut pro se falsum diceret testimonium, cui adjunctum erat jusjurandum : « Hoc est perjurium, » respondit. Se quidem amicum esse ait, sed usque ad aram; sentiens aliquo usque gratificandum amicis, sed citra violationem religionis.

VERSION 12.

In rebus prosperis adulatores fugito.

Vir sapiens in rebus prosperis fugiat superbiam, fastidium et arrogantiam. Secundas enim res et adversas moderate ferre debet, et æqualitatem in omni vita servare. Quum ipsi arridebit fortuna, tunc maxime utatur consilio amicorum, iisque magis credat. Caveat potissimum ne adulatoribus aures patefaciat, nec se adulari sinat. Adulatione facile capimur; eos enim nos esse putamus qui jure laudemur. Inde quam plurima nascuntur peccata, quæ faciunt ut irrideamur, et in maximis erroribus versemur. Huic malo medebimur, si, quanto superiores sumus, tanto nos submissius geramus.

VERSION 13.

Socrates.

Inter excellentes philosophos, quos retrotulit antiquitas, præstantissimus jure habitus Socrates. Etsi capite damnatus, haud minorem de se præbuit opinionem. Ab iis, quos inimicos aut gloriæ invidos virtus fecerat, iniquum judicium profectum fuisse quem latet? Ideoque summus ille vir ad humilem sui defensionem descendere et coram judicibus sistere supplex dedignatus est : e carcere egredi noluit. Lysias, orator disertissimus, scriptam a se orationem ad illius defensionem obtulit. Hanc perlegit Socrates, eleganter scriptam laudavit, amico reddidit, uti nolens, talemque orationem negans decere philosophum, cujus vita omnis mortis præparatio.

VERSION 14.

Ætatis aureæ descriptio.

Quum ætas aurea floreret, ver erat perpetuum; lactis flumina per campos fluebant, mel stillabant arbores, pax alma ubique vigebat. Ovis et lupus pariter vescebantur in silvis, simulque ad eumdem rivum sine jurgio veniebant. Homines non feris insidiabantur, nec feræ hominibus; nondum hamus pisces fefellerat; nondum cervus timebat retia; fruges dabat inculta tellus; arborum fructus escam facilem hominibus præbebant; homines ultro colebant virtutem; nemo divitias, nemo honores, nemo voluptates expetebat; ideoque sine ulla animi perturbatione beatam vitam traducebant.

VERSION 15.

Quomodo memoria augeatur.

Maxima, imo et una memoriæ augendæ ars exercitatio est et labor. Quare pueri, quorum tenacissima memoria est, statim quam plurima discant, et quæcunque ætas operam juvandæ studio memoriæ dabit, devoret initio tædium illud scripta et lecta sæpius revolvendi, et quasi eumdem cibum remandendi. Quod ipsum fieri potest levius, si primum pauca cœperimus ediscere; tum quotidie aliqua accessio fiat. Quantum natura studioque valeat memoria, testis est Themistocles, quem unum intra annum optime locutum esse persice constat.

VERSION 16.

Mensa aurea.

A piscatoribus, in milesia regione verriculum trahentibus, quidam jactum emerat. Extracta deinde magni ponderis aurea mensa delphica, orta controversia est : illis piscium se capturam vendidisse affirmantibus, hoc fortunam tractus se emisse dicente. Qua contentione, propter novitatem rei, et magnitudinem pecuniæ ad universum ejus civitatis populum delata, placuit Apollinem Delphicum consuli, cuinam adjudicari mensa deberet. Deus respondit, illi esse dandam, qui sapientia ceteros præstaret. Tum Milesii consensu uno Thaleti mensam dederunt : ille cessit eam Bianti, Bias Pittaco, is protinus alii; deincepsque per omnium septem sapientium orbem, ad ultimum, ad Socratem pervenit, qui et titulum amplissimæ sapientiæ, et præmium ad ipsum Apollinem transtulit.

VERSION 17.

Diversa hominum studia.

Quam dissimilia sunt hominum studia! Alii gloriæ cupidi, per incertam Martis aleam et aperto belli discrimine eam quærunt, effusoque sanguine bene emptam putant. Alii ingenii laudem affectantes, ut ad posteritatis memoriam nominis sui celebritas excurrat, immortali lauro sæpius ante illorum obitum marcescente, frontem redimire conantur. Lucro inhians mercator cymbæ fragili vitam committere et æstuantis pelagi minas ultro subire non dubitat. Nonnulli denique, otii et tranquillitatis amore ducti, vitæ privatæ tenebras, utpote felicitatis fontem, honorum splendori longe anteponendas putant.

VERSION 18.

Musca et formica.

Præferens se formicæ musca, illam cœpit abjicere verbis, et se extollere. « Vide enim, inquit, quanta sit humilitas tua. Cava loca terrarum incolis, et perpetuo humi reptas, magno cum labore tenuem victum quærens. At me alæ in sublime ferunt, et accipiunt mensæ regiæ ; auro et argento ego bibo, delicatissimis cibis vescor, purpuræque incubo. » Fastidiosæ et inflatæ opinione felicitatis respondit formica : « Etiam hoc adde, improbitatem tuam invisam et odiosam esse omnibus; contra te flabella et venena parari. Itemque hoc, modica anni parte durare hanc beatam vitam tuam, dum sol fervet, hieme et frigoribus statim occidere. At ego æstate mediocri labore exerceor, ut hieme quietam et securam vitam possim degere. » Fabula hoc ait : Qui quæ vult dicit, ea quæ non vult audit. Et hoc : Non esse in parvis commodis, sed sine magnis incommodis vitam beatam.

VERSION 19.

Horatius poeta.

Horatius Flaccus Venusiæ natus est; pater ejus libertinus et exactionum coactor fuit. Marci Bruti partes amplexus est, et tribunus militum ab eo factus. Se armis non idoneum sentiens Horatius, totum se dedit et litterarum et philosophiæ studio. In Mecenatis et deinde Augusti amicitia non mediocrem locum tenuit. Utriusque benevolentiam et liberalitatem expertus est; sed erga utrumque ipse fidum se et gratum constanter ostendit. Habitu corporis brevi fuisse traditur; sed eum ingenio magnum testantur ejus, quæ ad nos usque pervenerunt, scripta. Post quinquagesimum et septimum annum obiit. Juxta tumulum inhumati amici, paulo ante fato functi, humatus est et reconditus.

VERSION 20.

Princeps junior cum institutore suo.

Quidam junior princeps olim cum institutore suo deambulabat in silvis. Jam illum tædere incipiebat, quum subito quamdam canentem audit lusciniam. Illius vox multum ei arridet, simulque percontatur an avis ista sit deprehensu facilis. Cui præcipit institutor ut suspenso gradu accedat. Junior igitur princeps qui avebat avem, placide progreditur; luscinia vero protinus avolat. « Quid ergo! exclamavit puer valde iratus, a me refugit! Cur illa, tanquam bubo, considit in solitudine, siquidem ceteras aves antecellat suavitate vocis? Cur stans procul ab urbe canit, dum regia scatet passeribus injucundis? » Respondit institutor : « Illud accidit ut nunc ediscas quod olim, quum potens factus fueris, per te ipsum cognosces : stultos scilicet omnes provehi; virtutem latere, hac conventa opus esse. »

VERSION 21.

Monossæ reginæ infortunium.

Monossa quondam apud Cypros olim regnasse perhibetur. Mulieri huic cuncta erant quæ facere putantur ad beatam vitam : genus nobilissimum, regnum opulentissimum, virtus et sapientia supra sexum. Sola proles ei quin beate viveret obstitit, sola beatissimam futuram miserrimam effecit. Tres ea regina leges tulerat, totidemque genuerat liberos. Prima lex, ut qui bovem aratorem interfecisset, capite plecteretur; altera, ut, qui sibi violentas manus intulisset, abjiceretur insepultus. Tertia, ut, qui in deos aliquid impie dixisset, ejectus e civitate et æternis ignominiæ notis inustus, quamdiu viveret, procul a regno exsulare cogeretur.

VERSION 22.

Fraterni amoris exemplum.

Filius quidam mercatoris opulentissimi, dum erat juvenis, vitam egerat dissolutam; quam ob causam suus eum pater moriturus exheredaverat. Is, ubi audivit mortem patris, reputavit secum, et cepit consilium mutandi mores. Fit brevi certior per litteras se esse exheredem; minime queritur de patre suo cujus veneratur memoriam; contra hæc dicit : « Merito sic pater egit. » Frater natu major, cui soli paternæ opes obtigerant hereditate, quum comperisset fratrem suum, factum meliorem, haud questum fuisse quod non venisset in partem hereditatis, eum lætus adiit, et complexus inter brachia : « O frater carissime, inquit, pater quidem te fecit exheredem, quia minus eras sapiens; quum autem mutaveris vitam, tibi restituo debitam hereditatis partem, et polliceor me daturum tibi quidquid a me postulare lubebit. »

VERSION 23.

Lycurgi solertia.

Non est quidem in parentum potestate tales nascantur pueri quales exoptant, sed quibus præceptis informentur in promptu est. Quantum momenti habeat recta puerorum institutio præclare cives suos docuit Lycurgus. E duobus catulis, quos habuit, alterum nobili venatorum genere, prorsus neglexit; alterum nullius generis, ad venatum nullius pretii, diligenter exercuit. Quum uterque crevisset, advocata concione, catulos in medium produci jussit, et, præposito cibo, leporem simul emisit. Statim canes ad ea rapti quibus assueverunt, alter ad offam exsorbendam, alter ad insequendum leporem evolarunt. Tunc ille suis : « En, inquit, cives, exemplo discite quanto peritus imperito præstet. »

VERSION 24.

Constantini imperatoris clementia.

Non audiendi, sed fugiendi sunt et procul arcendi illi, qui viri fortis esse dicunt inimicis graviter irasci. Nihil enim laudabilius est, nihil magno et præclaro viro dignius clementia. Quum Constantini imperatoris statuam lapidibus impetere ausi essent nonnulli ex ejus inimicis, ipsum amici hortabantur ad supplicium sumendum de contumeliæ auctoribus, a quibus faciem ejus deturpatam et convulneratam esse dicebant. Verum princeps, quum et vultum et caput suum contrectasset : « At ego, inquit leniter ridens, nullum in ore et fronte vulnus invenio, sed omnia illæsa et sana. »

VERSION 25.

Priscorum Germanorum mores.

Germani non agriculturæ student, majorque pars victus eorum lacte et caseo et carne consistit. Neque quisquam modum agri certum, aut fines proprios habet; sed magistratus ac principes in annos singulos, gentibus cognationibusque hominum qui una coierunt, quantum et quo loco visum est, agri attribuunt, atque anno post, alio transire cogunt. Cujus rei multas afferunt causas : ne assidua consuetudine capti, studium belli gerendi agricultura commutent; ne sibi latos fines parare studeant, potentioresque humiliores possessionibus expellant.

VERSION 26.

De patriæ amore.

Vix dicere queam quanto amore veteres suam complecterentur patriam, quam sibimet ipsis anteponebant! Mater quædam spartana quinque suos filios miserat adversus hostes patriæ : anxio certe erat animo de sorte illorum, namque eos multum diligebat, verumtamen sollicita magis de pugnæ exitu videbatur. Fama repente enarrat militem quemdam e prœlio rediisse. Quem statim mater festinans adiit : « Quid novi refers, » inquit? Miles contra : « Quinque tui filii media in acie interfecti sunt. — Horrende miles! exclamavit mater; num illud a te quæsivi? » Miles rursus alloquens : « Vicimus, » ait. Quo audito, mater lætitia exsultans ad templum cucurrit diis gratias actura. Apud Lacedæmonios altera quædam mater videt filium natu majorem, inter obsidionem urbis, ante pedes cadentem : « Filius alter meus, exclamavit, illuc perducatur, qui fratris locum occupet. »

VERSION 27.

Reginæ Monossæ infortunium (sequitur).

O fortuna! quædam interdum efficis, ut ea non fortuito accidisse, sed consulto ac composite gesta esse videantur. Ternos huic mulieri liberos tres ab ipsa latæ leges ademerunt. E quibus unus quum impietatis in deos convictus fuisset, domo regia ejectus, pulsus ex patria, cogente lege, in exsilium abiit nunquam rediturus. Filiorum alter, interfecto per juvenilem petulantiam bove, capite pœnas luit. Tertius, quum mortem sibi præ dolore conscivisset, insepultus abjectus est. Obduruit tamen misera mater ad tempus.

VERSION 28.

Musica sit gravis et simplex.

Lycurgi et Solonis legibus sancitum erat, ut omnes ingenui adolescentes musicæ artibus erudirentur. Quod etiam in omnibus Græciæ civitatibus non minori fiebat studio. Præcavebant autem viri illi honestatis amantes et severioris disciplinæ studiosi, ne quis eo genere musices uteretur, quæ animos molliret. Illudque tam religiose apud Lacedæmonios observatum fuit, ut Timotheum Milesium, egregium citharœdum, quem ad erudiendam juventutem adsciverant, eo solum nomine e civitate ejecerint, quod unam chordam septem chordis quibus illi utebantur, addidisset; veriti ne, eo musicæ genere, civium animi paulatim ad mollitiem descenderent. Itaque eo demum probatur musica, quæ gravis, simplex, ad virtutis institutionem accommodata est.

VERSION 29.

Quid optimum sit factu quærendum, non quod usitatissimum.

Vivere beate nemo non vult; at vitam quid efficiat beatam nemo pervidet. Illud hominibus maxime nocet, quod ad similitudinem aliorum vivunt, non ad rationis lumen. Ea laudant et probant quæ multitudo laudat; et alienis pereunt exemplis. Quod a multis petitur laudaturque, id optimum ipsis videtur. Longe aliam ingrediantur viam oportet, si velint esse beati : nempe separentur a cœtu. Quærant quid sit optimum factu, nullatenus autem quid sit usitatissimum; quid ipsos in possessione felicitatis æternæ constituat, non quid vulgo, veritatis pessimo judici, probatum sit.

VERSION 30.

Amnis.

Contempsisse præ se amnis fontes suos fertur, quum et ipse piscibus abundaret, et flumine largo, necnon grato alicubi murmure, delaberetur. « Quin etiam, inquit, tu intra muscos istos tuos et herbulas delites, ego præter et amœnissima loca terrarum, et celeberrimas urbes, et populos ac gentes maximas feror. » Fontibus offensis superbia et protervitate alumni, placuit reprimere scaturiginem suam. Ita origine exstincta, celeriter defecerunt undæ fluvii, et amnis exaruit. Notat fabula eos, qui sibi arrogant auctoribus ea bona, quæ aliunde accepere, et docet, ab ingrato teterrimi vitii gravissimas pœnas dari solere.

VERSION 31.

Ad amicum filii sui præmaturum funus dolentem epistola.

Dolorem tuum quis est qui non approbet, aut qui dolere tecum ultro non velit? Filium luges exstinctum ante annos, spem domus, flebilem patri, flebilem mihi, flebilem omnibus. Hunc tu sedulo vel a teneris educaveras, et mentem natam ad grandia præceptis optimis imbueras. Erat ille futurus aliquando, si vixisset, domus inclytæ egregium decus. Sed quid ista commemoro? Tuo vulneri mederi velim : imprudens, heu! refrico vulnus nondum obductum satis. Sed tamen hæc ipsa sunt, quæ lenire debeant patris ægritudinem. Vigebit apud omnes gratissima juvenis illius optimi memoria. Hoc in speculum diligenter intuebuntur, quos habes superstites, filii, et cum fœnore restituent, quem fles abreptum tibi. Vale.

VERSION 32.

Reginæ Monossæ infortunium (sequitur).

Tanta calamitatum vis, munitum ac circumseptum sapientiæ præceptis animum statim expugnare potuit. Sed quum aliquando vaccam cæso juvenco suo miserabiliter mugientem conspicata esset, ut aqua, per aliquid tempus retenta, vehementius postea erumpit, ita cohibitus aliquandiu et compressus dolor majore se impetu universus effudit. Imperat mulier magnam æris vim dissolvi ac liquefieri, seque in eam præcipitem dat. Ejus sepulcro columna imposita est, cum versu græco qui eam sapientem quidem fuisse, sed miseram, testatur.

VERSION 33.

Veræ fortitudinis definitio.

Probe definitur a philosophis fortitudo, quum dicunt eam esse virtutem pugnantem pro æquitate. Quocirca nemo laudem est adeptus, qui fortitudinis gloriam insidiis et malitia consecutus est : nihil enim honestum esse potest, quod justitia vacat. Præclarum est igitur Platonis illud verbum : « Non solum, inquit, scientia, quæ est remota a justitia, calliditas potius, quam sapientia est appellanda, verum etiam animus paratus ad periculum, si impavidus homo honorum cupiditate, non utilitate communi, impellitur, potius nomen audaciæ quam fortitudinis habere debet. » — « Itaque volumus, inquit Cicero, viros fortes et magnanimos, eosdem esse bonos et simplices, veritatis amicos, minimeque fallaces. »

VERSION 34.

M. T. Ciceronis acerbum funus.

Marcus Tullius Cicero Caium Popilium, rogatu Cœlii, non minore cura quam eloquentia defendit : eumque causa admodum dubia fluctuantem, salvum ad penates suos remisit. Hic Popilius postea nec re, nec verbo a Cicerone læsus, ultro Marcum Antonium rogavit, ut ad illum proscriptum persequendum et jugulandum mitteretur. Impetratis ministerii detestabilis partibus, gaudio exsultans Caietam cucurrit, et virum, omitto quod amplissimæ dignitatis, certe salutis ejus auctorem, studio etiam præstantis officii privatim sibi venerandum, jugulum præbere jussit. Ac protinus caput romanæ eloquentiæ, et pacis clarissimam dexteram, per summum et securum otium amputavit, eaque sarcina, tanquam opimis spoliis, alacer, in urbem reversus est. Neque ei scelestum portanti onus succurrit illud, se caput ferre, quod pro capite ejus quondam peroraverat.

VERSION 35.

Temporis jactura irreparabilis.

Tanquam semper victuri vivitis; non unquam vobis fragilitas vestra succurrit; non observatis quantum temporis transierit. Velut ex pleno et abundanti tempus perditis, quum interim fortasse ille ipse alicui vel homini vel rei donatus, ultimus dies sit. Omnia, tanquam mortales, tenetis; omnia, tanquam immortales, concupiscitis. Audies plerosque dicentes : « A quinquagesimo in otium secedam; sexagesimus annus ab officiis me dimittet. » Et quem tandem longioris vitæ prædem accipis ? quis ista, sicuti disponis, ire patietur? Non pudet te reliquias vitæ tibi reservare, et id solum tempus bonæ menti destinare, quod in nullam rem conferri possit.

VERSION 36.

Les amis sont surtout nécessaires aux princes.

Quantiscunque præsint exercitibus reges, quoscunque habeant thesauros, hæc omnia regni præsidia non sunt, sed amici, quos armis cogere non possunt, neque parare auro. Sciscitanti cuidam ab Alexandro ubi thesauros haberet : « Apud amicos, » respondit. Quum ad Achillis tumulum aliquando venisset, felicem eum sibi videri dixit, quod dum viveret fidum amicum Patroclum habuisset, et post mortem magnum præconem Homerum. Enimvero quum plurimis indigeat amicitiis fortuna principum, præcipuum eorum munus est amicos parare.

VERSION 37.

Juvenis Græci solertia.

Solebat Græculus quidam discedenti e palatio Cæsari honorificum aliquid epigramma porrigere. Id quum sæpe frustra fecisset, et tamen rursum eum idem facturum vidisset Augustus, breve sua manu in charta exaravit græcum epigramma, et Græculo venienti ad se obviam misit. Ille in legendo laudare mirarique tam voce quam vultu gestuque. Deinde quum accessisset ad sellam qua Cæsar vehebatur, dimissa in pauperem crumenam manu, paucos denarios protulit, quos principi daret, dixitque, se plus daturum fuisse, si plus habuisset. Secuto omnium risu, dispensatorem Cæsar vocavit, et satis grandem pecuniæ summam numerari Græculo jussit.

VERSION 38.

Athenais virgo a Theodosio uxor eligitur.

Erudita illa virgo Athenais, quæ a Theodosio juniore conjux adscita est, ab humili et jacente fortuna, ad summum imperii culmen erecta est. Latebat illa sub obscuriore tecto, nulla re nisi virtute felix, solo ingenio clara, solis doctrinis locuples, paternarum opum testamento exheres, spreta a suis, neglecta a civibus, omnibus ignota, venit in palatium paterni testamenti injuriam deprecatura. Hic omni præsidio nuda, durius habetur in limine, et vix ut admittatur exorat. Tandem admissa, solo advocato pudore, sola patrona eloquentia peroravit. Placuit imperatori quæ lictores atque satellites flectere, vix potuerat; et dimissa cum gratia, brevi summa cum gloria revocata est. Conjux eligitur : redit apparatu regio, ingreditur maximo omnium ordinum plausu; imperatricem venerantur, qui modo sordidatam contempserant.

VERSION 39.

Platonis moderatio.

Plato in Xenocrate discipulo suo constanter moderatus fuit. Audierat eum de se multa impie locutum : sine ulla cunctatione criminationem respuit. Instabat certo vultu index, causam quærens cur sibi fides non haberetur : adjecit Plato, credendum non esse, ut, quem tantopere amaret, ab eo invicem non diligeretur. Postremo quum ad jusjurandum inimicitias serentis malignitas confugisset, ne de perjurio ejus disputaret, affirmavit nunquam Xenocratem illa dicturum fuisse, nisi ea sibi expedire judicasset.

VERSION 40.

Damon et Pythias.

Damon et Pythias tam fidelem inter se junxerant amicitiam, ut mori parati essent alter pro altero. Quum eorum alter, a Dionysio tyranno nece damnatus, impetrasset tempus, quo profectus domum res suas ordinaret, alter vadem se dare tyranno pro reditu ejus non dubitavit, ita ut, si ille non revertisset ad diem, sibi moriendum esset. Igitur omnes, et in primis Dionysius, cupide exspectabant novæ atque ancipitis rei exitum. Appropinquante definita die, nec illo redeunte, unusquisque stultitiæ damnabat tam temerarium sponsorem. At is nihil se de amici fide metuere prædicabat. Et vero ille ad diem dictam supervenit. Admiratus eorum fidem tyrannus petivit ut se in amicitiam tertium reciperent, et supplicio liberavit eum qui morte erat plectendus.

VERSION 41.

Transitus maris Rubri.

Hebræi, Ægyptum fugientes, ad mare Rubrum pervenerunt ibique castra constituerunt. Ubi Ægyptiorum regi nuntiatum est Hebræis nullum esse exitum, obsistente unda, ille cum exercitu propere advenit. Jamque eminus arma signaque et protentæ patentibus late campis acies visebantur, quum, Hebræis metu trepidis et cœlum aspectantibus, Moyses, a Deo monitus, percussum virga mare dividit. Ita populo, cedentibus in latera aquis, velut in continenti iter pervium fuit. Nec cunctatus rex ægyptius fugientes insequi, mare, qua patebat, ingressus, mox coeuntibus aquis cum omni exercitu deletus est. Tunc Moyses incolumitate suorum exsultans et hostium exitio, gratias Deo summo egit, canticumque cecinit, omni turba simul dictum.

VERSION 42.

Epaminondæ præclare factum.

Viri inter Græcos præstantissimi per vitam omnem in summa paupertate versati sunt, nec eorum virtus pecunia potuit expugnari. Epaminondas, qui fuit dux Thebanorum clarissimus, unicam vestem habebat. Ad eum quum venisset quidam hunc pecunia corrupturus, corrupit primo adolescentulum, quem carissimum habebat Epaminondas. Id quum rescivisset clarissimus dux : « Nihil, inquit, pecunia opus est. Si justa petantur, ea facere sum paratus ; sin autem injusta vel patriæ meæ non utilia, nil proderunt oblata mihi aurum et argentum. » Sermone ad adolescentulum converso : « Redde, inquit, argentum huic homini. Quod nisi confestim facis, magistratui te tradam. » Deinde dimisit hominem, ne alios corrumperet, quum ipsum non potuisset.

VERSION 43.

Non vivere bonum, sed bene vivere.

Quemadmodum in mari terræ et urbes recedunt, sic in hoc cursu rapidissimi temporis, primum evanescit pueritia, deinde adolescentia, tum quidquid juvenem inter et senem medium ; postea ipsius senectutis anni optimi ; tum incipit ostendi communis humani generis finis. Scopulum esse putamus dementissimi : imo, portus est, in quem si quis primos inter annos delatus est, non magis queri debet, quam qui diu navigavit : illum venti segnes ludunt ac detinent in mari, et tranquillitatis tædio lassant; alium pertinax ventus perfert celerrime. Idem nobis cvenire putate : alios vita velocissime eo adduxit, quo veniendum erat, etiam reluctantibus; alios vero maceravit et coxit, quæ, ut scitis, non semper retinenda est. Non enim vivere bonum est, sed bene vivere. Cogitate igitur qualis vita, non quanta sit.

VERSION 44.

Pater infelix, qui vitiosos habet liberos.

Nihil miserius eo patre qui liberos suos vitiosos et flagitiis inquinatos videt. Etiamsi omnibus bonis affluat, nihil est quod vitam magis insuavem acerbamque reddat. Themistoclis matrem, quum filius initio male se gereret, et propter vitia à patre abdicatus esset, aiunt quidam laqueo sibi fauces elisisse. Quod quidem, si verum est, multum valet ad ostendendum quantum parentes ex improbis filiis capiant doloris. Brutus ille qui, expulsis Tarquiniis, Romam dominatu regio liberavit, beatus videri poterat, si sui similes liberos sustulisset.

VERSION 45.

Miniarum conjugum egregium facinus.

Miniæ per aliquot sæculorum vices in Lemniorum insula manserant. Hos a Pelasgis expulsos spartana civitas recepit, et legibus commodisque suis immiscuit. Sed hoc tantum beneficium in injuriam bene meritæ urbis regnum affectantes verterunt. Igitur publica custodia inclusi, capitali servabantur supplicio. Quod quum, instituto Lacedæmoniorum, nocturno tempore passuri essent, conjuges eorum, velut allocuturæ perituros viros, impetrato a custodibus aditu, carcerem intraverunt, commutataque veste, per simulationem doloris velatis capitibus, incolumes abire passæ sunt.

VERSION 46.

Junioris Metelli in patrem pietas.

Quum post prœlium actiacum captivos recenseret Octavius Augustus, Metellus qui partibus ejus maxime adversatus erat, eo in numero fuit. Quum is inter alios senex squalidus sordidatusque processisset, agnovit eum filius ejus, qui Octavii partes secutus fuerat, statimque exsiliens, patrem complexus, sic Octavium allocutus est : « Pater meus hostis tibi fuit, ego miles; non magis ille pœnam quam ego præmium meriti sumus. Aut igitur me, propter illum, occidi jube, aut illum, propter me, vivere. Delibera, quæso, utrum sit moribus tuis conveniens. » Octavius postquam paulum addubitasset, miseria motus, hominem sibi infensissimum propter filii merita servavit.

VERSION 47.

Macedonis militis perfidia.

Philippus, Macedonum rex, habebat militem quemdam fortem, cujus in multis expeditionibus utilem expertus operam, subinde ex præda aliquid illi virtutis causa donaverat, et hominem venalis animi crebris præmiis accendebat. Hic naufragus in possessiones cujusdam Macedonis pulsus est. Quod ut Macedoni illi nuntiatum est, accurrit, spiritum ejus collegit, in villam suam illum transtulit, lectulo suo cessit, diebus triginta impensa sua curavit, refecit, viatico instruxit, subinde dicentem : « Gratiam tibi referam, videre tantum mihi imperatorem meum contingat. » Narravit Philippo naufragium suum, auxilium tacuit, et protinus petiit, ut sibi prædia cujusdam donaret ; hospitis autem ipsius prædia petiit a quo receptus erat, a quo sanatus. Quis ingrati perfidique animi scelus non oderit?

VERSION 48.

Quibus scriptoribus præcipue studendum.

Maximum est in litterarum studio nosse quænam exempla ad imitationem sibi proponenda sint. In obviis quibuslibet scriptoribus non occurrunt duces ex æquo fidi. Sunt enim quos citra periculum sequi possis ; quippe qui nunquam a notis callibus, parcius licet usitatis, deflectant. Sunt alii, quibus si te regendum credideris, facile aberres, quoniam salebris et scopulis impeditum iter decurrunt. Quos nobis optimæ notæ suppeditat antiquitas, hi, licet supra imitationem positi, ad omnium tamen intelligentiam et captum sunt accommodati. Illis igitur præsertim adhærendum est; illi manibus terendi; eorum præcipue relegenda non semel opera, atque ipsa quodam modo recognoscenda vestigia. Illos vero qui ingenii fulgore quidem, sed futili sese commendaverunt, qui quam sint revera divites, suas tamen divitias ambitiosius ostentant, illos, inquam, licet assequi non difficile sit, periculosum tamen est imitari.

VERSION 49.

Judicum dignitas et auctoritas.

Ea prima fuit antiquissimis temporibus congregandarum civitatum causa, ut nimirum essent qui vim coercerent, tenuiores a potentiorum injuriis defenderent, et suum unicuique tribuerent. Inde prorsus patet quanta sit in omni civitate eorum, qui munus sustinent judicandi, auctoritas. Imo tanta vis, tantaque gloria in hujusmodi munere posita est, ut ipsi viri principes nihil esse tam regium quam judicare existimaverint. Itaque judicia exercuit celebratus ille Minos, cujus singularis justitia eum judicem veterum opinione etiam apud inferos fecit. Quod et ipse præstitit Philippus Macedo, quem etiam patienter tulisse aniculæ objurgationem accepimus, cui sibi esse otium audiendæ ipsius causæ negaverat. Illa enim libere eum monuerat ne regnaret, si audiendis dijudicandisque causis vacare nollet.

VERSION 50.

Simii.

Mercator quidam iter faciebat per Monomotapam, pileos venditurus. Silvam trajecit, in qua ingens simiorum multitudo habitabat. Quem ubi gens simia conspexit, ad eum accessit, imitatura quidquid ille ageret. Mercator itinere longo fessus, sub arbore recumbit, pileis humi positis; sed somno correptus, imposito capiti pileo, incipit dormire. Quod ubi vidit simia gens, irrupit in saccum in quo reconditi erant pilei, et capiti singulos aptavit atque conscendit arborem. Quum autem e somno mercator excitatus est, vacuum saccum reperit, stetitque obstupefactus, suspiciens in arbore simios omnes pileatos; illi despiciebant quid homo acturus esset, ut imitarentur. Ascendit mercator arborem, ut fures consectaretur, suasque merces recuperaret. Jam in summam arborem adrepserat, quum ramus forte pulsans pileum dejecit in terram : quod consilio factum esse putantes simii similiter cuncti suum dejecerunt. Jam mercator industriam sibi gratulans, celeriter ex arbore descendit, ut suas merces colligeret. Una descendunt simii, et dum mercator pileum suum recepit, suum etiam quisque recipit et protinus aufugit. Tum mercator dolum alium adhibet. Quum simios animadvertisset imitari quidquid ageret, iis præsentibus, pileum e capite tollit, in saccum recondit, et longe in latebras abit. Ubi discessit homo, imitantur simii quod ille fecerat, cunctique pileos in saccum reponunt. Quod quum vidit homo, accurrit, magnum clamorem tollens, seque in saccum conjecit. Sic merces recuperat, saccumque ligat et viam pergit.

VERSION 51.

Eximiæ institutionis exemplum.

Diogenes quum captus venderetur in Creta, præconi roganti quid sciret, et quo titulo eum commendaret emptori : « Dic, inquit, te vendere hominem, qui sciat imperare liberis. » Quidam Corinthius, miratus præconii novitatem, adiit Diogenem, percontans num sciret quod profiteretur. Ubi hic sermone hominis comperit esse sapientem ac doctum, mercatus, duxit domum eique suos liberos erudiendos tradidit : quos ille susceptos liberaliter instituit. Primumque artes liberales, mox docuit equitare, arcum tendere, jaculari telum : in palæstra vero non permittebat, ut gravioribus laboribus in modum athletarum exercerentur, sed hactenus quantum ad bonam corporis valetudinem id conduceret. Curavit ut ex poetis aliisque scriptoribus optima quæque ediscerent, quod ea tantummodo scimus quæ memoria tenemus. Breviter totius doctrinæ summam illis redegit in compendium, quo et citius perciperent, et fidelius memoria complecterentur. Eosdem instituit ministrare domi parentibus, cibo levi vilique et aquæ potu contentos esse. Quin ad venatum illos instituebat, Lacedæmonios imitatus. His rebus factum est, ut a pueris observaretur, perque illos parenti commendaretur.

VERSION 52.

De veterum coloniis.

Quam plurimas condere colonias veteribus id moris erat. Quum enim urbs quædam incolis supra modum abundaret, cives nonnulli, quorum unusquisque solebat esse pauperrimus, electo duce quodam et auspice, petebant, et, stricto sæpius ense, feracem aliquam subigebant regionem, in qua sedes suas colonia recens institueret. Hocce modo ditissimas Mediterranei maris oras Phœnices incolis suis occupaverant. Ipsa autem Carthago, Phœnicum colonia, permultas postea colonias eduxit. His maxime rationibus propagabantur imperia; sicque non minus forsan, quam armorum robore, Græci, Romani, Gallique in tantam amplitudinis famam creverunt. Romani vero condendarum coloniarum arte præsertim eminuere. Quippe qui populos, qui pertinacius ipsis obstiterant, agrorum parte mulctaverunt, qua emeritos milites donabant.

VERSION 53.

De vita beata.

Quemadmodum civitas in seditione beata esse non potest, sic animus secum ipse discordans veram voluptatem gustare non potest. Ne igitur eum existimetis beatum, qui perturbatione quadam movetur. Ille habendus est beatus, cui unum bonum honestas, cui unum malum turpitudo videatur; qui voluptates contemnere gaudeat, quem non extollant fortuita, neque frangant adversa.

Beatus est qui fortuna utitur, eique non servit. Quisquis ita agit, hunc sequantur necesse est gaudium inconcussum et æquabile, pax animi vera, perpetua tranquillitas et libertas. Infelicissimus autem habendus quisquis cupiditatibus servit; illæ enim beatæ vitæ nullum locum relinquunt.

VERSION 54.

De fabulis.

Fabulas, quæ ad docendos homines animantibus utuntur, gentes universæ usurpaverunt, quod scilicet sub inculto illo et rudi, quo teguntur, involucro, fons lateat veritatis uberrimus. Quum enim Deus ipso rerum naturæ spectaculo hominum animos vellet informare, multiplicem ingenii varietatem animalibus infudit; quæ omnia mortalium officia et bonas vel pravas dotes, quas aut quærere, aut vitare debeant, totidem veluti exhiberet imaginibus. In agno nempe lenitatem, in cane fidem, rapacitatem in lupo ostendit, simulque hominem admonere taciteque increpare voluit, si forte has ipse sibi parvi duceret dotes quas in animantibus non æstimare aut respuere non potest. Hanc mutam vocem omnes audivere populi, cujus interpres primus Æsopus factus est.

VERSION 55.

Doctrinæ utilitas.

Si nullus esset ex vobis apud quem non constaret doctrinæ utilitas, quique non sua sponte ad illius studium impelleretur, de ipsius præstantia et dignitate nonnulla in medium afferre superfluum omnino esset. Sed quum, quod plurimorum admodum est, a liberalibus disciplinis adolescentes abhorreant, necesse est, quo facilius ad earum amorem incitentur, eas esse omnium præstantissimas nihilque laboriosæ industriæ impervium edoceantur. Sic enim habetote nihil esse hac in vita, ubi labor jucundius et majore cum fructu, quam in amore sapientiæ collocari queat; quum is voluptate mitigetur, et gloria, fructu illo virtutis honestissimo abunde compensetur.

VERSION 56.

Mors Bucephali equi.

Equus Alexandri regis et capite et nomine Bucephalus fuit. Emptum scripserunt talentis tredecim, et regi Philippo donatum. Super hoc equo dignum memoria visum, quod, ubi ornatus erat armatusque ad prœlium, haud unquam inscendi sese ab alio, nisi a rege passus est. Id etiam de isto equo memoratum est, quod, quum in eo insidens Alexander, bello indico, et facinora faciens fortia, in hostium cuneum non satis sibi providens se immisisset, conjectis undique in Alexandrum telis, vulneribus alte in cervice atque in latere equus perfossus est. Moribundus tamen ac prope jam exsanguis e mediis hostibus regem citatissimo cursu retulit : atque ubi eum extra tela retulerat, illico concidit, et domini jam superstitis securus, quasi cum sensus humani solatio, exspiravit. Tum rex Alexander, parta ejus belli victoria, oppidum in iisdem locis condidit, atque ob equi honores Bucephalon appellavit.

VERSION 57.

C. Marius in ruinis Carthaginis sedens.

Quum Marius, patria pulsus, in ruinis Carthaginis sederet, ad eum venit lictor Sextilii prætoris, qui hanc provinciam administrabat. Marius ab eo, quem nunquam læserat, aliquod humanitatis officium exspectabat ; at lictor discedere eum provincia jussit, nisi vellet in se animadverti. Torvis oculis eum intuens Marius, nullum dabat responsum. Interrogavit igitur eum lictor, ecquid prætori vellet renuntiari. Cui Marius : «Abi, inquit; nuntia te vidisse Caium Marium in Carthaginis magnæ ruinis sedentem.» Duplici exemplo insigni eum monebat de inconstantia rerum humanarum, quum et urbis exscidium et viri clarissimi casum ob oculos poneret.

VERSION 58.

Hispani cujusdam fraus detecta.

Hispanus et Gallus quidam una iter faciebant. Gallus equo insidebat, pedibus ibat Hispanus. Inter se confabulabantur, ut itineris tædium fallerent. Eques humanus erat, ut Gallum decet. Quum viæ labore fessum videret socium, invitavit illum ad conscendendum equum. Vix verba inveniebat Hispanus, quibus comiti gratum animum significaret; nec Gallus dubitabat, quin ille in corde haberet quod in verbis profitebatur. Sed non ita verbis fidendum esse, damno fere suo didicit. Intrant in urbem quamdam, ubi Gallus per aliquot dies commorari debebat; Hispanus tum equo insidebat. Ubi ad proximum diversorium devenerunt, Gallus comiter Hispanum compellans : « Hic nobis discessus est, inquit; mihi equum meum redde, tibique in itinere omnia fausta sint. »

VERSION 59.

Providentiæ benignitas.

Quanta Providentiæ benignitas, quod tam multa ad vescendum, tam varia, tamque jucunda gignit, neque ex uno tempore, ut semper et novitate delectemur et copia! quam tempestivos autem dedit, quam salutares non modo hominum, sed etiam pecudum generi, iis denique omnibus e terra natis, ventos etesios, quorum flatu nimii temperantur calores, ab iisdem etiam maritimi cursus celeres et certe diriguntur! Quid de fluminum opportunitatibus? An memorem æstus maritimos tum accedentes, tum recedentes? montes vestitos silvestres; quasque medicamentorum salutarium plenissimas terras; artes denique innumerabiles, ad victum et vitam necessarias? Jam diei noctisque vicissitudo conservat animantes, tribuens aliud agendi tempus, aliud quiescendi. Sic undique omni ratione concluditur, mente consilioque divino omnia in hocce mundo ad salutem omnium omniumque conservationem admirabiliter administrari.

VERSION 60.

Æsopi solertia.

Dum gravis Æsopus, naturæ miracula pandens, rerum ambages populo plaudente resolvit, nescio quis Phrygius, fraude tentat deludere; namque affert rosas binas, quarum altera terræ partus, altera duxit speciem ab arte mira. Par utrique tamen decus, utriusque par gratia. Talibus hic aggreditur Æsopum : « O tu, cui a natura mens sagacissima, dic, velim, nec istud labor erit, dic utra solo nata? » Huic subridens Æsopus, sic amice : « Mox respondebo tibi; » geminumque in mensa florem jussit reponi. Jam fervida æstas, jam sol medium tenuerat orbem. Continuo vaga volucris odore accita circumvolitans, hic nunc, nunc illic insidet, et tandem hæsit in nativi floris gremio, succos dulces ebibens ore. Tunc sic Æsopus : « Hanc mihi, quam sibi voluit apis, rosam volo : vade, amice, et alias parce nobis illudere. »

VERSION 61.

In vestitu munditia fugienda.

Videas homines, qui mulieribus similes munditiam adhibeant nimis exquisitam. Quæ quidem munditia est fugienda, sicut nimia negligentia. Demosthenes nimis accurato vestitu erat : hoc ipsi probro datum fuit. Cæsar raro aliis utebatur vestibus, quam iis, quæ ab uxore, sorore, aut filia essent confectæ. Idem factitabat Alexander Magnus, antequam Persarum mores et vestes induisset. Longe dissimilis erat Crœsus. Hic quum aliquando in regali solio sederet pretiosissimis indutus vestibus, Solonem interrogavit, an quid unquam vidisset pulchrius? « Gallos, inquit Solon, et phasianos et pavones : fulgent enim naturali et inimitabili colore ac pulchritudine. » Nero nullam vestem bis induit; et in hoc, sicut et in multis aliis rebus, fuit perdissimilis ceteris mortalibus.

VERSION 62.

Hispani cujusdam fraus detecta (sequitur).

Hispanus, quasi ultima tantum verba audivisset, Gallo salutato, viam pergit citato cursu. Tum Gallus eum pedibus prosecutus : « Heus! inquit, baculum accipe quem reliquisti. » Constitit alter quasi nesciret quid iste sibi vellet. Tum accedens Gallus : « Hunc inquit, meum equum mihi redde. » Respondit Hispanus : « An istum, quo vehor, tibi vendidi ? » Dum sic inter se rixantur, confluit undique multitudo. Orat uterque causam. Gallus dicit hunc ingratum et furciferum; clamat Hispanus, fraudem esse sane ridiculam. Adhibet circumstantes testes, se in urbem, ingressum esse equo sedentem. Litigantes ad judicem ducit multitudo : alter affirmabat, alter negabat; deerant testes et argumenta. Nesciebat judex quomodo litem tam implicatam dirimeret, quum res adeo obscura esset. Jam erat pronuntiaturus equum illius esse, qui visus fuerat insidens equo.

VERSION 63.

Ira brevis insania.

Nihil est ira exitiosius, nihil quod majora possit mala importare. Quidam e veteribus iram dixit brevem insaniam : ea etenim impotens sui est, decoris immemor, rationi et consiliis impervia. Alexander Magnus Clytum nutricis suæ filium, a quo fuerat ad Granicum amnem servatus, quemque multis honoribus ut amicissimum beneque de se meritum affecerat, iræ impetu abreptus interfecit. Sed paulo post, quum ad se rediisset, ereptum e Clyti vulnere gladium in se ipsum doloris impatientia vertebat, moxque patratum scelus alio scelere jamjam erat redempturus, nisi a suis fuisset prohibitus. Itaque magnopere nobis elaborandum est in ira fugienda, aut in ipsius ortu comprimendo.

VERSION 64.

Totilæ moderatio.

Totila, Gothorum rex, petens Campaniam, in Cassino monte divertit. Ibi Benedicti abbatis vaticinatione mitigatus, Neapolim fame domitam in fidem accepit. Ceterum civium saluti edicto severo et exemplo consuluit. Armigerum suum sibi carissimum, ducibus nequicquam reclamantibus, capitali supplicio affecit, quippe qui edicto non paruisset, negans imperium stare posse, si disciplina cadat. Romam deinde cepit et incendit, civibus vero pepercit, monitorum Benedicti abbatis memor; tota siquidem urbe per præcones pronuntiari jussit, ut cives a victoris ira templorum religione se defenderent. Ita Roma quartum a Gothis capta incensaque fuit. At non fuit diuturnum victoriæ gaudium : nam haud multo post, Totila a Narse, qui infelici Belisario dux successerat, acie victus, una cum exercitu cæsus est.

VERSION 65.

Potor vino valedicit.

Opifex quidam quotidie a summo mane usque ad vesperum potabat : vino madidus redibat domum et uxorem liberosque sæpius jejunos male mulctabat. Illa diutius quum conjugem ebriosum ferre non valeret, statuit vino sepultum in feretro collocare linteo funebri involutum. Quo peracto, lugere cœpit quasi mortuum. Interim ebrius planctu increbrescente e somno excitatur; miratur lacrimas uxoris et fascias sepulcrales quibus obstrictus erat : facti quærit causam. Audit se mero exstinctum esse, nunc vero miraculo quodam singulari redire postliminio in vitam. Attonitus ille pessimo liquori odium æternum denuntiat, promittitque se nunquam vinum gustaturum, fecitque in posterum quod promiserat.

VERSION 66.

Scipionis Æmiliani temperantia.

Scipio Æmilianus, ut primum potuit, se Polybio ad optima quæque tradidit, illius congressum omnibus ferens ante. Tantos inde fructus tulit, ut æquales et majores natu omni genere virtutum vinceret. Temperantiam ac continentiam ante omnia studuit comparare; quod eo difficilius, quod tum Romani divites habebant unde luxuriam et alere et explere valerent. Cum cupiditatibus tanquam cum teterrimis hostibus colluctatus Scipio victor evasit : unde optimam duxit valetudinem, qua usus per totam vitam sic amplissimam temperantiæ mercedem percepit.

VERSION 67.

Sapiens secundum philosophos.

Philosophi veteres mira de suo sapiente prædicarunt. Si etenim eos audias, sapiens ille solus est, qui semper sibi constat et quietus animo est, qui nunquam timore frangitur, nec sitienter quid appetit, nec alacritate futili gestit. Nihil illi humanarum rerum aut intolerabile ad demittendum animum, aut lætabile ad efferendum videri potest. Sic semper animo excubat, ut ei nihil improvisum, nihil inopinatum accidere possit. Adversa fert æquo animo, hominem videlicet ad omnia perferenda mala comparatum esse ratus : fortuna modestius utitur, et moribus illam suis, non illi mores suos accommodat.

VERSION 68.

Xenophontis patientia.

Xenophon, quum equo uteretur et pedites jugum quoddam occupare jussisset, unusque ex his obmurmurando diceret, facile tam laboriosa sedentem imperare, desiluit, et gregarium equo imposuit, cursuque ipse pedestri ad destinatum jugum contendens pervenit : cujus facti ruborem quum perpeti miles non posset, irridentibus commilitonibus, sponte descendit. Xenophontem vix universi perpulerunt, ut conscenderet equum, et laborem suum in necessaria duci munera reservaret.

VERSION 69.

De vera gloria.

Quæ plus habent fulgoris, non illæ suspiciendæ sunt virtutes. Fortem esse et strenuum, hiemis et tempestatum inclementiam fortiter pati, urbes expugnare, hostes armis debellare, hæc in imperatore laudantur, quæ laudanda fateamur in iis qui hisce virtutibus ornantur. Quum autem istiusmodi virtutibus magna præmia proposita sint, et ad eas gloriæ amplitudo stimulet, ideo facilius comparantur minusque habent admirationis. Vera laus est et egregia, ut edantur facinora quæ fulgore careant, nec poetarum carminibus, nec historiæ monumentis celebrentur.

VERSION 70.

Hispani cujusdam fraus detecta (finitur).

Gallus qui nec fur haberi, nec equum perdere volebat, statim usus est artificio, quod docuit anxietas. Linteum cepit, et velato equi capite : « Age, ait Hispano, si equus tuus est, dic quo oculo captus sit. » Inopinæ huic quæstioni erat imparatus; etenim oblitus fuerat in equi oculos attendere. Attamen, ne se ipsum proderet, si hæsitare videretur, non mutato vultu respondit statim. « Dextro oculo. » Ridere cœpit Gallus; intellexit statim Hispanus se errasse, et subjecit statim callide : « Dextro oculo est integer, et lævo debilis. » Tum Gallus : « Neutro, furcifer, videbis equum esse debilem. » Una detegit oculos equi, eosque patentes et sanos ostendit. Fraus fuit detecta hoc certissimo argumento : pudibundus et confusus Hispanus equum invitus reddidit, et mulcta fuit etiam damnatus; deinde recepto baculo ad portam urbis ductus fuit cum totius populi conviciis.

VERSION 71.

Humana virtus misericordia.

Misericordia quasi peculiari jure humana virtus est. Nam quum imbecillior sit hominum natura, quam ceterarum animantium quas Deus et instructas ad inferendam et munitas ad repellendam vim creavit, affectum nobis misericordiæ ipse dedit, ut omne præsidium vitæ nostræ in mutuis auxiliis poneremus. Si enim facti ab uno Deo et orti ab uno homine, consanguinitatis vinculo sociamur, oportet nos omnem hominem fraterno amore complecti ut nos invicem præstandis recipiendisque auxiliis muniamus. Multis scilicet casibus et incommodis fragilitas nostra subjecta est. Cogites tibi accidere quod alteri accidit. Ita demum excitaberis ad opem ferendam si sumpseris ejus animum qui opem tuam in malis constitutus implorat.

VERSION 72.

Mira Philippi, Macedonum regis, patientia.

Philippus, Macedonum rex, si non alia virtute, certe contumeliarum patientia illustris fuit. Demochares ad illum, Parrhesiastes ob nimiam et procacem linguam appellatus, inter alios Atheniensium legatos venerat. Benigne audita legatione, Philippus : « Dicite, inquit, mihi facere quid possum, quod sit Atheniensibus gratum? » Cui Demochares : « Te suspendere. » Ad tam procax responsum omnium exorta est indignatio. Quos

Philippus conticescere jussit, illumque procacem incolumem dimittere : « At vos, inquit, ceteri legati, nuntiate Atheniensibus multo superbiores esse qui ista dicunt quam qui dicta impune audiunt. »

VERSION 73.

Menecratis medici jactantia.

Quemadmodum Lacedæmoniorum rex Agesilaus singulari prorsus modestia inclaruit, ita et in aliis arrogantiam minime tulit. Menecrates, medicus, quum desperatæ quædam curationes ei feliciter cessissent, populari adulatione dictus est Jupiter. Hoc quidem cognomento, quod suæ virtuti, minime vero adulationi, honores pro suo arbitrio profundenti, tribuebat medicus, ita delectatus est, ut eo nomine usus deinde semper fuerit. Quum igitur Agesilao aliquando scriberet, hac salutatione uti non veritus est : « Menecrates Jupiter, Agesilao regi salutem : » quo quidem rex offensus, rescripsit in hunc modum : « Rex Agesilaus, Menecrati sanitatem mentis. » Felix ille quidem, si ut a corporibus, ita et a mente sua morbum depellere potuisset.

VERSION 74.

Consules Romæ creati.

Tarquinio Superbo in exsilium pulso, consules pro uno rege duo hac de causa cœpere creari, ut si unus malus esse voluisset, alter eum, similem habens potestatem, coerceret. Et placuit ne imperium longius quam unum annum haberent, ne per diuturnitatem potestatis insolentiores redderentur, sed civiles semper essent qui se post annum scirent privatos esse futuros. Fuerunt igitur anno primo, expulsis regibus, consules L. Junius Brutus, qui maxime egerat, ut Tarquinius pelleretur, et Tarquinius Collatinus, maritus Lucretiæ, quæ propter injuriam a Tarquinii filio sibi illatam se occiderat. Sed Tarquinio Collatino non multo post sublata est dignitas. Placuerat enim ne quisquam in Urbe maneret qui Tarquinius vocaretur. Ergo accepto omni patrimonio suo, ex urbe migravit, et loco ipsius Valerius Publicola consul factus est.

VERSION 75.

Drusi verba.

Quum reverteretur a foro Drusus immensa illa et incognita, quæ cum semper comitabatur, cinctus multitudine, in atrio domus suæ cultello percussus, qui affixus lateri ejus relictus est, intra paucas horas decessit. Quum ultimum redderet spiritum, intuens circumstantium mœrentiumque frequentiam, effudit vocem convenientissimam conscientiæ suæ : « Quando, inquit, propinqui amicique, similem mei civem habebit respublica? » Hunc finem clarissimus juvenis vitæ habuit, cujus morum minime omittatur argumentum. Quum ædificaret domum, eique promitteret architectus ita se eam ædificaturum, ut libera a conspectu, immunis ab omnibus arbitris esset, neque quisquam in eam despicere posset : « Tu vero, inquit, si quid in te artis est, compone domum meam, ut quidquid agam ab omnibus perspici possit. »

VERSION 76.

Mores aliorum irridere malum est.

Passim occurrunt, qui omnia ad se referunt, et ad sua ipsi judicia mores accommodant. Ab illorum opinione si tantillum discesseris, id prorsus indecorum putant. Si qui sint se minus loquaces, eos tanquam altioris silentii viros reputant : ipsis minus placere si cui accidat, si forte eum laudaveris, grandis juxta ipsos noxa est; neque eum sapere existimant qui sicut et ipsi non sapit : aliarum gentium mores, si a suis discrepant, ludibrio habent : inurbanos judicant populos quosdam, quod operto salutent capite, hi vicissim et nostras salutationes et nostros amplexus irrident. Has ineptas vulgi opiniones repudiare debet vir sapiens, eosque mores nullo in discrimine ponere qui justa cum ratione non pugnant.

VERSION 77.

Æmulationis utilitas.

Utile et perutile est habere quos imitari primum, mox vincere velis. In publico noctu ambulabat Themistocles, quod somnum capere non posset. Causam quærentibus respondebat se Miltiadis tropæis a somno suscitari. Julius Cæsar reipublicæ causa missus in Hispaniam, quum res gestas Alexandri legeret, aliquamdiu secum cogitabundus hæsit, deinde lacrimas profudit. Cur fleret quærentibus amicis : « Nonne, inquit, justa dolendi causa mihi est, qui nihildum præclari egi, ætatem illam adeptus, qua Alexander multa regna vincendo peragraverat? »

VERSION 78.

Ovis et canis.

Quo tempore animalia et pecudes sermone utebantur, aiunt ovem dixisse hero suo : « Mihi mirum videtur, nihil nobis a te præberi, cogique e terra nos victum quærere, de quibus tamen tu et lanam capis et caseos et agnos : at canibus, unde nihil horum tibi redit, impertis panem quo ipse vesceris. » Tunc canem, qui hoc audiverat, ferunt sic locutum : « Merito hercle meo fit : nam ego is sum, qui vos ipsas etiam custodio atque servo, ne vel hominum furto, vel luporum raptu pereatis : quod si ego vestram custodiam negligerem, jam ne ad pabula quidem exire auderetis præ formidine interitus. » Atque ita etiam oves ipsas facile passas fuisse accepimus, ut se canes potiores et majore in honore haberentur. Hac fabula vulgus imperitorum adumbratur, qui sapientum otio irascuntur, et illos in tanto honore vitam de suis laboribus degere moleste ferunt. Nisi enim ipsos doctrina et sapientia defenderet atque tegeret, neque salutem, neque fortunas suas salvas et integras conservare possent.

VERSION 79.

Cato fortitudine sua rempublicam defendit.

Nullus est profecto qui, si præclara Ulyssis et Herculis facinora legerit, ea non magnopere demiretur : at quam multo magis juvat Catonem intueri patriam suam invicta fortitudine defendentem! Non enim ille monstra ferro et igne persecutus est, nec in ea tempora incidit, quibus credi posset cœlum unius humeris inniti, excussa nimirum credulitate antiqua, et sæculo ad summam perducto doctrinam. Cum ambitione, multiformi monstro, et cum potentiæ immodica cupiditate congressus est. Adversus vitia civitatis sua mole inclinantis stetit solus, et cadentem rempublicam, quantum uno retrahi poterat, retinuit, donec abstractus, comitem se diu sustentatæ ruinæ dedit. Tunc idem Catonis et libertatis exstitit interitus. Attamen sua Catonem ætas parum intellexit.

VERSION 80.

Gelonis laudes.

Quam sibi suis asseruit meritis Gelo, laudem memoriæ ejus tribuent posteri. Non ambitu, sed virtutibus imperium adeptus, summæ auctoritatis molem et officia optime cognovit. Ex munere regio labores tantum et curas in se suscepit, jucundissimam quærens animi voluptatem suos pace et otio beandi. Non se, sed leges imperare voluit, nec eum unquam gravem dominum experti sunt subditi. Senex ab omnibus toto pectore cultus vixit, ob eam, quam in solio usque ad extremum retinuit, sapientiam; mortemque ejus veris lacrimis tota prosecuta est Sicilia.

VERSION 81.

Plinius C. Tacito suo salutem.

Ridebis et licet rideas. Ego ille, quem nosti, apros tres, et quidem pulcherrimos, cepi. Ipse? inquis. Ipse : non tamen ut omnino ab inertia mea et quiete discederem. Ad retia sedebam : erant in proximo non venabula aut lancea, sed stilus et pugillares. Meditabar aliquid enotabamque, ut si manus vacuas, plenas tamen ceras reportarem. Non est quod contemnas hoc studendi genus. Mirum est, ut animus agitatione motuque corporis excitetur. Jam undique silvæ et solitudo ipsumque illud silentium, quod venationi datur, magna cogitationis incitamenta sunt. Proinde, quum venabere, licebit, auctore me, ut panarium et lagunculam, sic etiam pugillares feras. Experieris non Dianam magis montibus quam Minervam inerrare. Vale.

VERSION 82.

Discendi cupiditas innata hominibus.

Innatam hominibus esse discendi cupiditatem quotidiano rerum usu comprobatur. Ut enim aves ad volatum, et formicæ ad congerenda frumenta naturæ quadam propensione ducuntur, ita homines naturali quodam impetu ad rerum cognitionem ferri videmus, nec immerito. Doctrinam etenim expeditissimam esse ad honores viam nemo negaverit. Illa homines ignobili loco natos nobilitat, illosque in clarissima luce collocat. Quis ignorat Euripidem non generis splendore, sed doctrinæ præstantia et ingenii monumentis ita inclaruisse, ut nominis sui famam immortalitati commendaverit. Sat multos omitto alios, quorum nomina æterno oblivionis tumulo fuissent recondita, nisi scriptis suis ab interitu ea vindicassent. Cetera quæ fortunæ arbitrio tum dantur, tum eripiuntur, et ad quæ cæca hominum cupiditas obstupescit, caduca et fluxa sunt ; sed doctrina virtusque vera firmaque bona sunt et temporis brevitati impervia.

VERSION 83.

Agricola ad filios suos.

Sibi advenire sentiens summum diem agricola, jussit filios accedere : « Agrum, inquit, quem relinquo, cavete ne mala vos dissidia cogant vendere; namque defossus ingens ibi thesaurus latet. Qua parte lateat, id quidem ignorat pater; at enim monenti credite, ac ligonibus rastrisque glebas partem in omnem vertite, confodite; labor thesaurum eruet improbus, ditabitque omnes. » Interim moritur senex. Illi imperata facere (spes enim lucri stimulat) terramque fodere, quantum longa permittit dies. Thesaurus, qualem cupierant, non est quidem inventus usquam ; sed ager sic excultus messem ingentem reddidit. Homini thesaurus assiduus labor.

VERSION 84.

Alexandri Magni frugalitas.

Cariæ regis sororem paterno regno donaverat Alexander. Illa, ut regi bene merenti gratiam referret, exquisiti saporis cibos et varia bellaria parari curavit, hæcque cum coquis et cupediariis regi misit. Munera talia princeps aversatus reginæ gratias egit, et coquos ad se mitti nihil opus fuisse dixit, quum duos longe meliores a Leonida pædagogo olim accepisset, scilicet, iter antelucanum ad prandium, et prandium frugale ad cœnam. Solitus erat Leonidas ipsius vestes, stragula, et arculas perscrutari, ne forte mater Olympias, puero filio nimium indulgens, aliquid delicatioris cibi clam abscondisset. Inde factum est, ut puerilis institutionis diu memor Alexander amicis divideret, vixque quidquam sibi servaret, si qui ad se afferrentur cibi exquisiti.

VERSION 85.

Adolescentia sedulo exercenda.

Non immerito affirmat Tullius adolescentiam a libidinibus maxime arcendam esse exercendamque in labore et in patientia, ut ejus in bellis ac civilibus officiis vigeat industria. Itaque qui formam rerum publicarum dederunt, illi corpora juvenum labore firmari voluerunt. Quum animadverteret Lycurgus adolescentes plerumque ad injuriam faciendam proclives esse et cupiditatibus voluptatum vehementibus urgeri, Lacedæmonios juvenes laboribus exerceri voluit, venando, currendo, esuriendo et sitiendo; omnem interminatus ad honores et imperia aditum illi occlusum iri, qui constituta legibus exercitia refugeret. Ut autem assuescerent nunquam labori aut hosti cedere, in quotidianis inter ipsos certaminibus res serio agebatur, et ad mortem usque victoriæ instabant.

VERSION 86.

Popilii firmitas.

Quum Syriæ rex Antiochus Alexandriam obsideret, senatus romanus ad eum legatos misit, qui ei denuntiarent ut ab oppugnatione quam primum desisteret. Hi prope Alexandriam regi occurrerunt; quos advenientes Antiochus amice salutavit et Popilio Lenæ, qui hujus legationis princeps erat, dextram porrexit. At Popilius suam regi noluit porrigere, sed tabellas in quibus erat senatusconsultum ei tradidit, atque statim legere jussit. Quibus perlectis, Antiochus dixit se, adhibitis amicis, consideraturum quid sibi faciendum esset. Indignatus Popilius quod rex aliquam moram interponeret, virga, quam manu gestabat, regem circumscripsit, ac : « Prius, ait, quam hoc circulo excedas, da responsum quod senatui referam. »

Obstupefactus Antiochus, quum paululum hæsitasset : « Faciam, inquit, quod censet senatus. » Tum demum Popilius dextram tanquam socio et amico porrexit.

VERSION 87.

Canis et paterfamilias.

Erat cuidam perquam fidelis canis. Hic quodam tempore solus relictus apud parvulum filium illius jacentem adhuc in cunis, videt serpentem ad puerum interimendum adrepere. Ille igitur in serpentem, qui jam ad cunas pervenerat, irruit, et eum non sine difficultate interemit. Inter luctandum evertuntur cunæ, et supra serpentem reclinantur. Reversus autem paterfamilias, cernensque cunas eversas, et cruentum os canis, quod suspicaretur ab hoc puerum interfectum esse, neque prioris fidelitatis recordatus, neque spatio capto ad rem cognoscendam, ense arrepto canem occidit. Postea tollit cunas, et puero vivo reperto et serpente conscisso, quid factum esset intelligit, et suum erga canem perpetratum scelus deplorat. Fabula docet, nihil esse in ira et perturbatione animi inconsiderate committendum, ne festinationem nostram sempiternus dolor sequatur.

VERSION 88.

Philoxenes poeta.

Philoxenes poeta admonitus oratusque ab amicis, ut, audiente Dionysio, ab aperta loquendi licentia se abstineret, pollicitus est se effecturum, ut et vera diceret et Dionysii benevolentiam tamen retineret. Nec eos sane fefellit. Nam quum die quadam tyrannus, quibusdam versibus, qui miserabiles affectus exprimerent, recitatis, illum interrogasset quales hi viderentur : « Miserabiles, » respondit. Qua verbi ambiguitate præstitit quod erat pollicitus. Rex enim ita illud accepit, quasi Philoxenes versus suos ad movendam commiserationem esse idoneos respondisset atque adeo illos laudasset. Alii vero sic interpretabantur, quasi miseros, hoc est pessimos, dixisset versus esse.

VERSION 89.

Ad amicum epistola.

Tranquillus, contubernalis meus, vult emere agellum quem venditare amicus tuus dicitur. Rogo cures, quanti æquum est, emat : ita enim delectabit emisse. Nam mala emptio semper ingrata est, eo maxime, quod exprobrare stultitiam domino videtur. In hoc autem agello, si modo arriserit pretium, Tranquilli mei stomachum multa sollicitant : vicinitas Urbis, opportunitas viæ, mediocritas villæ, modus ruris. Scholasticis porro dominis, ut hic est, sufficit abunde tantum soli ut relevare caput, reficere oculos, omnesque viticulas suas nosse et numerare arbusculas possint. Hæc tibi exposui, quo magis scires quantum ille esset mihi, quantum ego tibi debiturus, si prædiolum istud, quod commendatur his dotibus, tam bene emerit, ut pœnitentiæ locus non relinquatur.

VERSION 90.

Gygis pastoris historia.

Qui deliberant utrum sequantur id quod honestum vident, an se scientes contaminent, jam scelus admiserunt, etsi ad id nondum pervenerint. Nobis enim persuasum esse debet, si omnes deos hominesque celare possumus, nihil tamen injuste faciendum; cujus rei exemplum referre non abs re puto. Gyges, terra magnis imbribus discissa, in hunc hiatum descendere ausus est, ibique animadvertit equum æneum, et in ejus lateribus fores; quibus apertis, hominis mortui corpus insolitæ magnitudinis, cujus in digito annulum invenit : detracto annulo, hunc induere non dubitavit : erat autem Gyges regius pastor : in pastorum consilium mox se recepit. Hujus annuli ea virtus erat, ut, ubi ejus palam ad manus palmam is converterat, omnia tunc videret, a nullo visus; sed rursus videbatur, quum in lucem annulum adduceret. Cujus usu, et juvante regina, regem dominum neci dedit. Sustulit pariter quos sibi adversos arbitrabatur; et in iis omnibus facinoribus a nullo videri potuit. Sic repente Lydiæ imperium consecutus est. Hunc annulum si haberet vir probus, nihil plus sibi licere existimaret; honesta enim a viris bonis quæruntur, et non occulta.

VERSION 91.

Cambysis mors funesta.

Cyrus, rex primus Persarum, duos filios reliquit, Cambysem et Smerdim. Cambyses, defuncto patre, quod major esset, Smerdim in solio sedentem, capite cœlum pulsare per somnum videns, occidendum eum curavit ipse : et deinde revertens ab Æthiopia, rebus perfractis, quum in Ægyptum venisset, incolasque lætantes advertisset, ratus illos adversis suis insultare, Apin in femore vulneravit, et eodem ictu occidit. Interim magus quidam, Smerdis abutens nomine et formæ similitudine, filium se Cyri professus, regnum persicum invasit. Quod ubi Cambysi nuntiatum est, regredi in patriam maturans, oblitus est gladium, quo Apin interfecerat, vaginæ reddere. Quod quum conaretur efficere, femur suum vulneravit qua parte Apin vulneraverat, et paucis diebus obiit.

VERSION 92.

Animum enervat voluptas eumque mollit.

Illud nobis fortitudo præstat, ne dolorum vis aut mortis metus animum concutere possit; temperantiæ vero munus est efficere, ne voluptas hominem enervet ac molliat. Multos homines quos non debilitarat dolor superavit voluptas, quique

3.

sine ullo metu pericula adierant, pertulerant labores, vulnera exceperant, mortem ipsam pro nihilo putaverant, iidem capti voluptatis illecebris, ab ea turpiter profligati sunt. Hercules ille monstrorum domitor, ille purgator orbis, in quem nihil unquam potestatis habuerat dolor, a voluptate devictus est, et iisdem illis manibus, quibus tot monstra trucidaverat, pro clava et arcu colum lanamque tractans, ad arbitrium mulierculæ pensa carpebat.

VERSION 93.

Hierosolymæ exscidium.

A Tito, Vespasiani filio, Judæi obsidione clausi, quia nulla neque pacis neque deditionis copia dabatur, ad extremum fame interibant. Igitur, defessis defensoribus urbis, irrupere Romani. Ac tum forte in diem Paschæ omnis ex agris aliisque Judææ oppidis multitudo convenerat : nimirum ita Deo placitum, ut eo tempore quo Dominum cruci affixerat gens impia, internecioni daretur. Pharisæi aliquantisper pro templo acerrime restiterunt, donec, obstinatis ad mortem animis, ultro se subjectis ignibus intulerunt. Numerus peremptorum ad undecies centena millia refertur; capta vero centum millia ac venundata. Templum quoque dirutum. Atque hæc ultima templi eversio et postrema Judæorum captivitas, qua extorres patria per orbem terrarum dispersi cernuntur.

VERSION 94.

Caligulæ dementia.

Statuas virorum illustrium, ab Augusto ex Capitolina areâ propter angustias in Martium campum collatas, ita subvertit atque disjecit Caius Caligula, ut restitui salvis titulis non valuerint. Vetuitque posthac viventium cuiquam usquam statuam aut imaginem, nisi consulto se et auctore, poni. Cogitavit etiam de Homeri carminibus abolendis : cur enim sibi non licere, dicens, quod Platoni licuit, qui eum e civitate, quam constituebat, ejecerit? Sed et Virgilii et Titi Livii scripta et imagines paulum abfuit quin ex omnibus bibliothecis amoverit : quorum alterum, ut nullius ingenii, minimæque doctrinæ : alterum, ut verbosum in historia negligentemque carpebat.

VERSION 95.

Cannensis pugna.

Quingentesimo et quadragesimo anno ab Urbe condita, Lucius Æmilius Paulus et Terentius Varro contra Annibalem mittuntur Fabioque succedunt ; qui ambos consules monuit, ut Annibalem, callidum et impatientem ducem, non aliter vincerent quam prœlium differendo. Verum quum Varronis imprudentia, contradicente altero consule, apud vicum, qui Cannæ appellatur, pugnatum esset, ambo consules ab Annibale victi sunt. In ea pugna tria millia Afrorum periere ; magnaque pars de exercitu Annibalis sauciata : nullo tamen punico bello Romani gravius accepti sunt. Periit enim in eo Æmilius Paulus, consulares et prætorii viginti, senatores capti aut occisi triginta, trecenti nobiliores viri, militum quadraginta millia, equitum tria millia et quingenti. In quibus malis nemo tamen Romanorum pacis mentionem haberi dignatus est. Servi, quod nunquam ante, manumissi, et milites facti sunt.

VERSION 96.

Tacere utilissimum.

Rarum admodum illud hominum genus, qui arcana sibi credita fideli silentio tegant, quique facile linguam contineant suam. In iis etiam quibus maxime est fides, sæpe desideratur loquendi prudentia. Illud oritur ex innata nobis loquendi prurigine ac voluptate apud alios effundendi quod illis ignotum arbitramur. Optime loqui præclarum sane, at tacere sæpe utilius. Locutos fuisse nos sæpe pœnitet, tacuisse raro admodum. Verbum semel elapsum fugit irrevocabile. Qui a lingua se temperare intelligit, quam plurima vitat peccata; at hæc virtus non minus rara quam difficilis. Ægre injicitur linguæ frenum. Loquendi pruriginem excitat audientium attentio, et quum loqui cœperis, non ultra prudentiæ limites excurrere difficillimum.

VERSION 97.

Studiorum encomium.

Studia adolescentiam alunt, senectutem oblectant, secundas res ornant, adversas levant. Qui tempus in studia confert, hunc vitæ fastidium non tenet. Non solum ingenuæ artes oblectant, sed etiam miserias levant. Multi, quum fuissent ab hostibus capti, aut essent in custodia, aut in exsilio, dolorem suum litteris levaverunt. Demetrius Phalereus patria pulsus immerito, Alexandriam se contulit ad Ptolemæum regem. Multa præclara ibi scripsit. Regem monuit, ut conscriptos de regno et imperio libros sibi compararet et perlegeret, quia, quæ amici non audent reges monere, hæc in libris scripta sunt.

VERSION 98.

Diogenis in studio philosophiæ pertinacia.

Antisthenes discipulos hortabatur ad dandam operam sedulam sapientiæ; at pauci obtemperabant. Itaque indignatus dimisit a se omnes, inter quos erat Diogenes. Hic incensus magno audiendi philosophi studio, ad eum ventitabat, eique pertinaciter adhærebat. Minatus est Antisthenes, se caput ei baculo percussurum, et quadam die percussit. Non ideo recessit Diogenes, sed philosophiæ ediscendæ cupidus admodum : « Percute, inquit, si ita placet, ego tibi caput præbebo; fustem adeo durum nunquam invenies, ut me a tua schola abigas. » Discipulum doctrinæ tam cupidum admisit Antisthenes, eumque deinceps maxime amavit.

VERSION 99.

Ranæ.

Incolebant ranunculi duo paludem : qua sideris calore, ut æstate fieri solet, exsiccata, relictis sedibus istis pergebant quæsitum alias ; quumque venissent ad profundum puteum : « Hic, inquit unus, commode manebimus, neque facile alium locum, meliorem invenire poterimus. » Cui respondit alter, placere et sibi locum, sed arbitrari se, priusquam illo desilirent considerandum, si quo casu et illæ aquæ recessissent, qua ratione de puteo redituri essent. Docemur hac fabella, nihil esse omnium rerum imprudenter aggrediendum.

VERSION 100.

Imperatoris Adriani effigies.

Ælius Adrianus, in Hispania natus, Trajani propinquus, fuit litteris bonisque artibus eruditus : idemque doctorum virorum irrisor pariter fautorque, Plutarchum familiarem habuit, Suetonium ab epistolis. Adeo comis in amicos, ut et inviseret ægrotantes et convivas supra se juberet accumbere. Ægre patiebatur a se quidquam peti, obvia benignitate preces antevertere gestiens. Admoneri se etiam ab infimæ sortis hominibus æquo animo ferebat. Pacis avidus, tres provincias quas in Asia Trajanus romanæ ditioni subjecerat, dimisit ; bellum nullum ultro movit, et motum ab aliis extemplo composuit. In solos Judæos arma cepit quos tota Palæstina rebellantes maximis obtrivit cladibus. Hierosolymam a se instauratam suo nomine Æliam appellavit. Imperitavit annos viginti ; et ad ultimum gravi diutinoque morbo implicitus, tandem mortuus est et prope Tiberim sepultus.

VERSION 101.

Pompeius apud Pharsalum victus fugatusque.

In Thessalia apud Pharsalum, productis utrinque ingentibus copiis, Cæsar Pompeiusque dimicaverunt. Pompeii acies habuit quadraginta millia peditum ; equitum in sinistro cornu septem millia, in dextro quinque ; præterea totius Orientis auxilia, totamque nobilitatem romanam, innumeros senatores, prætorios, consulares, et qui magnorum jam populorum victores fuerant. Cæsar in acie sua habuit peditum non integra triginta millia, equites mille. Nunquam adhuc romanæ copiæ in unum neque majores, neque melioribus ducibus convenerant, totum terrarum orbem facile subacturæ, si contra barbaros ducerentur. Pugnatum tamen est ingenti contentione ; victusque ad postremum Pompeius, et castra ejus direpta sunt. Ipse fugatus Alexandriam petiit ut a rege Ægypti Ptolemæo, cui tutor a senatu datus fuerat, propter juvenilem ejus ætatem, acciperet auxilia.

VERSION 102.

Cæsar fortuna confidit.

Fortunam et caput incerto mari crediderat Cæsar, et belligeras in arma rapiebat cohortes. Per æquora tumefacta fragili cymba ibat ignotus, jugum Romæ parans servile. Ecce autem magis ac magis furit pelagus, horret ubique maris facies, mille jam circumstant ratem pericula, exitium minantia. In hocce et maris et cœli tumultu pertimuit navita : verum vir ille fortis victum se in medio cursu desistere non sustinet : « Perge, tua Cæsarem vehit rates ; perge bonis ominibus, dixit, non te perire fata sinent ; nihil contra Cæsarem undæ, nihil poterunt venti ; facilem tibi cursum negant sidera, Cæsar pro sidere sit. » Ait, et trepido sub pectore robur mittit suum ; ipse navita tanto duce et tanto auspice fortis, ad oras spectatas luctando venit.

VERSION 103.

Veterum Romanorum abstinentia.

Macedonibus devictis, omni eorum gaza potitus Paulus Æmilius, nihil in domum suam intulit, præter memoriam æternam. Adeo pauper decessit, ut nisi fundus, quem unum reliquerat, venundatus esset, non habuisset uxor ejus unde dotem reciperet. Scipio Æmilianus, Carthagine eversa, non locupletior fuit. Non fuit copiosior Mummius, quum sustulisset Corinthum urbem copiosissimam. Cneus Scipio, secundo bello punico, scripsit ad senatum, ut successor sibi mitteretur. Filiam adultæ ætatis habebat, cui sine ipso dos expediri non poterat. Senatus de consilio uxoris et propinquorum Scipionis dotem æstimatam ex ærario erogavit, ut respublica tanto duce non careret.

VERSION 104.

Alexander Magnus et Diogenes.

Diogenes philosophus, qui paupertatem amplexus fuerat et animi libertatem opibus curisque prætulerat, in suburbio corinthio habitabat, quando in illam urbem venit Alexander Magnus. Philosophi illius videndi desiderio ad eum ivit Alexander, optionemque fecit quæ vellet ab ipso petendi. A sole parumper discedere regem jussit, ne solem interciperet. Inopinatum responsum, hominemque, cui nihil bene facere posset, admiratus rex, dixisse fertur, Diogenem se esse voluisse, ni Alexander esset.

VERSION 105.

Æmulentur inter se discipuli.

Athletæ qui olim ad ludos olympicos ibant, ut de palma contenderent, diu se antea variis certaminibus exercuere. Corpora sua, teneris ab annis, duraverant in umbra palæstrarum privatarum, neque audebant credere se solennibus illis certaminibus, nisi confiderent se posse aliquam ex illis gloriam comparare. Sic vos, optimi juvenes, qui ad publica certamina jamjam vocandi estis, per integrum annum vires tentavistis vestras, vosque ad pugnandum fortiter exercuistis. Quos habuistis æmulos in privatis, eos gloriose vicistis, fuitque labor vester, ut digni hujus certaminis splendore judicaremini. Scitis quantus ardor athletas ad olympica raperet, quibus conatibus victoriam emerent. Animos vestros accendat illorum exemplum ; stimulet ipsa æmulorum virtus, nedum terreat; et quo acrior est pugna, eo palma vos manet gloriosior.

VERSION 106.

De amicitia.

Errat si quis existimat amicitiam diu stare posse mutuorum officiorum adjumento destitutam. Ea quippe mihi videntur tanquam aurea quædam vincula quibus jucunda vi inter se voluntates, quæ natura leves sunt et inconstantes, non minus arcte quam suaviter conjunguntur. Quæ si ab amicitia removeas, ipsam funditus subvertis. Quid est enimvero amicitia, nisi benevola animi propensio erga aliquem, qua fit, ut bonis amici æque ac tuis gaudeas, et doloribus plus quam tuis crucieris, et illi quodcunque potes procures? Quid igitur sibi volunt isti, a quibus nullum unquam beneficium in amicum profectum est? Quis te vere amare eum crediderit, cujus commoda negligas? Si talis erga amicos es, qualem experientur inimici?

VERSION 107.

Miltiadis audacia.

Ad victoriam plus sæpe confert imperatoris peritia quam innumerabiles copiæ. Darium, quum ex Europa in Asiam rediisset, hortati sunt amici, ut Græciam in suam potestatem redigeret. Is classem quingentarum navium comparavit, cum ducentis peditum millibus et decem millibus equitum. Quum vero bellum illud ad Athenienses potissimum pertineret, copiis exiguis præfecerunt Miltiadem. Hic non in mœnibus se defendit, sed hostibus obviam ivit, et cum ipsis acie decertavit. Tam mirabili pugnandi cupiditate flagrabat ipsius exercitus, ut cito commiserit prœlium, hostesque sua audacia adeo perterruerit, ut non castra sed naves peterent.

VERSION 108.

Ad juventutem consilia.

Disparia disparibus officia; alia juvenum, alia seniorum. Est igitur adolescentis majores natu vereri, et ex iis deligere optimos et probatissimos, quorum consilio nitatur et auctoritate. Ineuntis enim ætatis inscitia senum prudentia regenda est : maxime autem hæc ætas a libidinibus arcenda ; mens exercenda studio ; corpus labore et patientia, ut eorum et in bellicis et in urbanis officiis vigeat industria : atque etiam quum relaxare animos, et dare se jucunditati volent, caveant intemperantiam ;

meminerint verecundiæ; quod erit facilius, si in his quidem rebus interesse seniores velint. Nihil autem quod tam conducat, quæcunque sit ætas, quæcunque sint personæ, quæcunque sint tempora, quam in omni re gerenda consilioque capiendo constantiam servare.

VERSION 109.

Pica et columba.

Ea est malorum indoles, ut vitia in aliis libenter requirant, quæ possint carpere; contra, quæ bona sunt laudare gaudent boni. Pavonem olim pica convenerat, columba comite, eo nempe consilio, ut, quod de excellenti illius avis forma famæ rumoribus audierat, suis ipsa oculis cognosceret. Quamvis tam egregia esset pavonis species, ut vel severissimi judicis oculos non reformidaret, avi tamen garrulæ displicuit. Hujus enim ubi e conspectu maledica egressa est pica, sic sociam alloquitur: « Quam iste mihi odiosus est pavo! quam insuaves ore lugubri emittit sonos! cur non silet? cur pariter turpes non obtegit pedes? » At contra innocens columba : « Mihi vero, inquit, hujus vitia observare non licuit; præstantis autem corporis speciem, caudæ nitorem aureum gemmarumque æmulum decus mirata sum. Nec satis egregium illud naturæ miraculum laudare queo. »

VERSION 110.

Cicero Attico salutem.

Nihil mihi nunc scito tam deesse, quam hominem eum, quocum omnia, quæ me cura aliqua afficiunt, una communicem, qui me amet, qui sapiat, quocum ego colloquar, nihil fingam, nihil dissimulem, nihil obtegam. Abest enim frater mei amantissimus. Metellus non homo est, sed littus atque aer, et solitudo vera. Tu autem, qui sæpissime curam et angorem animi mei sermone et consilio levasti tuo, qui mihi et in publica re socius, et in privatis omnibus conscius, et omnium meorum sermonum et consiliorum particeps esse soles, ubinam es? Ita sum ab omnibus destitutus, ut tantum requietis habeam, quantum cum uxore, et filiola, et mellito Cicerone consumitur. Nam illæ ambitiosæ nostræ fucosæque amicitiæ sunt in quodam splendore forensi; fructum domesticum non habent.

VERSION 111.

Qualis esse debeat amicitia inter fratres.

Ea esse debet inter fratres amicitia quæ omnem aliam superet amicitiam; et qui eam non studiose colit et veneratur, is frustra in alios benevolus videri conabitur. Quanta autem illa esse debeat, ut filiis suis probaret rex Scytharum morti proximus, afferri sibi poposcit fasciculum hastilium, quem colligatum, uti erat, dedit confringendum filiis suis. Quum id quisque facere se posse negasset, ipse, soluto fasciculo, singula hastilia facile confregit. Hoc modo docuit illos, si concordes essent, eos insuperabiles fore ; sin autem dissiderent, infirmos semper esse futuros. Enimvero amicior nemo esse potest quam frater fratri, nec quemquam alium fidum invenies, si tuis hostis fueris.

VERSION 112.

Mors est lex universa.

Quum nemo sit tam imperitus, ut nesciat sibi esse aliquando moriendum, mirum merito videtur quod, quum ad mortem aliquis accesserit, timeat et ploret. Enimvero non minus stultus habendus est qui flet quod post mille annos non vivet, quam qui fleret, quod ante mille annos non vixisset. Utrumque tempus nobis alienum est. Eo ibimus quo omnes eunt. Lex est universa, quæ jubet nasci et mori. Ad hanc legem sumus nati. Hoc iis accidit qui ante nos fuerunt, hoc omnibus post nos accidet. Quod cuique tempus ad vivendum datur, eo debet esse contentus. Breve tempus ætatis, satis est longum ad bene honesteque vivendum, longius autem male viventi.

VERSION 113.

Ad amicum.

Magnum mihi attulerunt dolorem tuæ litteræ, quibus me nec aperte accusare immutatæ erga te voluntatis audebas, nec affirmare constantis animi hominem esse. Nam etsi erant illæ quidem totæ dulcissimis verbis scriptæ, ex iis tamen longe alium sensum eliciebam, qui norim tui ingenii acumen. Quanquam non vereor, ne existimes me animo alienato esse. Rem si vel tantillum reputaveris, sacratissima et firmissima esse amoris mei vincula profecto intelliges. Semper enim censui amicitiam, quæ iisdem studiis nata esset, pulcherrime stare, nec ulla re labefactari posse. Quid autem in ea augenda a patre tuo optimo et sapientissimo viro prætermissum est? Quare, quum tu beneficiis apud me tantum possis, quantum qui maxime, cave ne putes, te mihi quemquam esse cariorem. Vale.

VERSION 114.

Amor patrius apud Romanos.

Nullus civis romanus patriæ utilitatem suæ utilitati non anteferebat, quamvis aliam cupiditatem nunquam non vincebat amor patrius, cui sua quisque bona, securitatem, vitam, imo gloriam, homini romano carissimam, condonabat. Non defuerunt apud Romanos exercituum duces a principibus viris imperia pollicentibus ad proditionem provocati : ecquem vero istis pollicitationibus commotum fuisse deprehendas? ecquem tæduit egentem de patria bene mereri? imo nullus maluit alibi præesse quam domi parere.

VERSION 115.

In omni re fallacia fugienda.

Quod verum, simplex, sincerumque est, id naturæ hominis est aptissimum. Omnes aliud agentes, aliud simulantes, perfidi, improbi, malitiosi sunt. Ex omni vita simulatio, dissimulatioque tollenda est. Ratio postulat, ne quid insidiose, ne quid fallaciter fiat. Cavendum est pariter, ne cui injuriam inferas nimis callida, sed malitiosa juris interpretatione : quo in genere multum peccavit ille, qui, quum triginta dierum essent cum hoste pactæ induciæ, noctu populabatur agros, quod dierum essent pactæ, non noctium induciæ. Nec probandum quidem existimaveris Quintum Fabium Labeonem, qui arbiter Nolanis et Neapolitanis de finibus a senatu datus, quum ad locum venisset, utrosque separatim hortatus est, ut ne cupide quid agerent, nec appetenter, atque ut regredi, quam progredi mallent. Id quum utrique fecissent, aliquantum agri in medio relictum est. Itaque illorum fines, sicut ipsi dixerant, terminavit; in medio relictum quod erat, populo romano adjudicavit. Decipere hoc quidem est, non judicare : quocirca in omni re fugienda est talis solertia.

VERSION 116.

Iracundiæ remedium.

Iracundo homini via certior nulla est ad vitandam iram, quam si fugiat eos omnes quos irritaturos esse scit suum vitium, et eligat simplices et moderatos. Iræ mederi si velit, vivat oportet cum hominibus placidissimis, facillimis et minime morosis. Fit enim, nescio quomodo, ut eorum, quibuscum viximus, mores sumamus. Quemadmodum morbos suos corporibus proximis corpus tradit, sic animus vitia sua. Ebriosus convictores in amorem vini sæpe trahit, avaritia virus suum in vicinos transfert. Eadem est ratio virtutum. Quidquid ad eas accedit, mutatur in melius. Asperitatem retundit et dediscit paulatim quisquis cum placidis viris frequens est; melior fit ipsorum exemplo; causas irascendi non invenit, et vitium suum exercendi locum nullum habet.

VERSION 117.

Tarentini cujusdam libertas.

Pyrrhi regis auxilium adversus Romanos quondam imploraverunt Tarentini. Brevi, sed serius, intellexerunt se pro socio dominum accepisse, et sortem suam liberis questibus miserati sunt, maxime ubi vino incaluerant. Ad regis aures quum fuisset perlatum quosdam inter eos de ipso minus honorifice esse locutos, illos arcessivit. Imminens ipsis periculum avertit simplex et ingeniosa cujusdam ex illis confessio. Percontanti enim regi, an dixissent quæ ad aures pervenerant suas, respondit ille : « Diximus quidem, o rex, et nisi vinum defecisset, multo plura et graviora locuturi eramus. » Rex qui vino quam hominibus culpam illam tribuere malebat, arridens dimisit eos.

VERSION 118.

De rerum humanarum inconstantia.

Rex ille potentissimus, qui subvertit montes et maria constravit, quum e sublimi loco infinitam vidisset exercitus sui multitudinem, flevisse dicitur, quod post centum annos nullus eorum, quos tunc cernebat, superfuturus esset. O si possemus in talem ascendere speculam, unde universam terram sub nostris pedibus cerneremus, jam tibi ostenderem totius orbis ruinas; gentes gentibus et regnis regna collisa; alios torqueri, alios necari, alios absorberi fluctibus, alios ad servitutem trahi, et non Xerxis tantum exercitum, sed totius mundi homines, qui nunc vivunt, brevi defuturos. Vincitur oratio rei magnitudine et minus est omne quod dicimus. Sentisne quando infans, quando puer, quando juvenis, quando robustæ ætatis, quando senex factus sis? Quotidie commutamur, quotidie morimur et tamen nos quasi æternos credimus.

VERSION 119.

Lectionis utilitas.

Alit lectio ingenium et studio fatigatum reficit. Nec scribere tantum, nec tantum legere debemus. Altera res contristabit et vires exhauriet; altera solvet et diluet. Invicem hoc illo commutandum, et alterum altero temperandum, ut quidquid lectione collectum est, stylus redigat in corpus. Apes debemus imitari, quæ vagantur, et flores ad mel faciendum idoneos carpunt; deinde quidquid attulere, disponunt ac per foros digerunt. Ita nos debemus quæcunque e diversa lectione congessimus, separare; melius enim distincta servantur; deinde, adhibita cura ingenii et facultate, in unum corpus congerere, ut, etiam si apparuerit unde sumptum sit, aliud tamen ac illud sumptum videatur.

VERSION 120.

In Marcum Antonium.

Furente Antonio simulque Lepido, quorum uterque hostis patriæ judicatus postmodum fuit, repugnante Cæsare, instauratum Syllani exempli malum fuit, proscriptio. Cicero proscriptus est, abscissaque scelere Antonii vox publica est, quum ejus salutem nemo defendisset, qui per tot annos et publicam civitatis et privatam civium defenderat. Nihil, inquam, egisti, Marce Antoni, cœlestissimum os et clarissimum caput abscissum numerando, auctoramentoque funebri conservatoris quondam reipublicæ tantique consulis irritando necem! Tu Marco Ciceroni lucem sollicitam, et ætatem senilem, et vitam miseriorem, te principe, quam sub te triumviro mortem rapis; famam vero, et gloriam factorum atque dictorum adeo non abstulisti, ut auxeris. Vivit vivetque per omnium sæculorum memoriam. Dumque hoc rerum naturæ corpus incolume stabit, comitem huic ævo laudem Ciceronis tradet : omnisque posteritas illius in te scripta mirabitur, tamen in eum factum exsecrabitur.

VERSION 121.

Ad juvenem quemdam litterarum studio parum deditum.

Nihil mihi potuit accidere, quod minus vellem aut quod minus opinarer, quam id quod proximis diebus audivi, non te perinde ut solebas, in optimarum artium cupiditate versari, sed languere quotidie magis, adeoque præclara illa principia quæ posueras esse labefacta, ut nihil jam a te eximium exspectari posse videretur. Equidem neque plane credidi, quod a tua consuetudine tam valde dissentires, neque tamen plane non credendum existimavi, quod accidere possit, quum in ætatem tuam intuenti verisimile sit. Quod si contra quam ego cupio, ut paulatim te a virtute sejunxeris, agnosce culpam, et corrige dum licet. Vale.

VERSION 122.

Avari adumbratio.

Si quis imperitus musicæ emptas plures cytharas unum in locum congerat, uti nescius; si scalpra et formas non sutor, si vela nautica non nauta comparet, nonne merito ducetur delirus et amens? Quid autem discrepat istis, qui nummos recondit, metuens aurum veluti rem sacram contingere? Si quis juxta ingentem frumenti acervum excubet cum fuste longo, neque audeat esuriens ullum granum tollere, vescaturque potius herbis amaris, ille insanus omnibus jure videbitur. Idem de avaro dixerim, qui, ut parcat pecuniæ, alget, esurit, summamque rerum inopiam medias inter opes patitur.

VERSION 123.

De legum observantia.

Agesilaus, Lacedæmoniorum rex, subacta Asiæ parte, adversus Persarum regem perrexit. Maximam habebat ejus regni potiundi fiduciam, quum ab ephoris revocatus est. Eorum absentium jussis tam obediens fuit, quam si Spartæ privatus fuisset. Regno opulentissimo bonam existimationem præposuit, multo gloriosius sibi fore ducens si patriæ legibus paruisset, quam si bello Asiam superasset. Rediit, dicens bonum imperatorem oportere legibus parere. Antiochus tertius omnibus regni sui civitatibus scripsit, si quid forte per litteras jussisset facere quod esset contra leges, ne sibi parerent.

VERSION 124.

Fames ciborum condimentum.

Miraris quod delicatuli sint qui, mulieribus similes, cibos omnes fastidiant. Id non miraberis, si attendas ipsis deesse cibi condimentum, scilicet famem. Fames commendat cibos, nihil contemnit sitiens. Darius in fuga aquam turbidam et cadaveribus coinquinatam bibit; negavit tamen se bibisse unquam jucundius : ratio est, quia nunquam sitiens biberat. Ptolemæo Ægyptum peragranti datus est panis cibarius; nihil ipsi visum est illo pane jucundius, tunc enim ipsum urgebat fames. Lacedæmonius quidam, conspecto delicatulo, qui pretiosam avem sibi appositam renueret : « Mihi, inquit, omnia sapiunt. »

VERSION 125.

Pastor et coquus.

Faciebant una iter commune pastor et coquus. Forte accidit, ut ovicula pinguis, aberrans a suo grege, eis veniret in conspectum. Ad hanc prorumpunt ambo. Atqui illis temporibus bestiæ sermone utebantur humano. Interrogat agnus quinam sit uterque eorum, qui manus admovere sibi seque abducere velint? Cognita autem rei veritate, et quas profiterentur artes, confert se ad pastorem, eique se tradit. Coquo autem dicit, esse eum carnificem quemdam trucidantem greges, cum pastore vero præclare congruere mores suos. Monet fabula, ut malorum consuetudinem et usum fugiamus, et persequamur bonorum, quorum altero pernicies, altero salus continetur.

VERSION 126.

De Sallustio et Quinto Curtio.

Latinos inter historicos non mediocrem sane locum obtinent Sallustius et Quintus Curtius. Sallustius, Amiternensis, eadem, qua Cæsar, ætate florebat. Supersunt etiam nunc duo illa quæ elucubravit opera de Jugurthino contra Romanos et

Catilinario adversum rempublicam bello. Mira quadam dicendi vi, et miro verborum impetu plerumque rapitur, subobscurus nonnunquam, adeo contractæ orationis studiosus est. Pauci profecto pares illi incederent, si ab insolentibus verbis et jam usu obsoletis abstinuisset. Unde oriundus sit Curtius, prorsus ignoratur : quo etiam tempore floruerit, incertum. Quam de rebus ab Alexandro gestis historiam conscripsit, est profecto Augusti ætate dignissima. Limato semper et florenti sermone utitur. In describendis locis elegantissimus ; at in eo maxime peccat, quod in geographia non ita sedulus ac diligens videatur.

VERSION 127

Rex Tigranes Cneo Pompeio se dedit.

Cneus Pompeius memorabile adversus Mithridatem bellum gessit. Rex fusus fugatusque, et omnibus exutus copiis, Armeniam Tigranemque socerum petiit, regem ejus temporis potentissimum. Simul itaque duos persecutus Pompeius intravit Armeniam. Prior filius Tigranis, sed discors patri, pervenit ad Pompeium : mox ipse supplex et præsens se regnumque ditioni ejus permisit, præfatus, neminem alium neque Romanum, neque ullius gentis virum futurum fuisse, cujus se fidei commissurus foret, quam Cneum Pompeium : neque ulli unquam inhonestum fore ei servire, quem fortuna super omnes extulisset. Servatus regi honos imperii, sed mulctato ingenti pecunia.

VERSION 128.

Cicero Attico salutem.

Magna mihi varietas voluntatis, et dissimilitudo opinionis ac judicii Quinti fratris mei, demonstrata est ex litteris tuis, in quibus ad me epistolarum illius exempla misisti. Qua ex re, et molestia sum affectus tanta, quantam mihi meus amor summus erga utrumque vestrum afferre debuit; et admiratione, quidnam accidisset, quod afferret Quinto fratri meo, aut offensionem tam gravem, aut commutationem tantam voluntatis. Atque illud a me jam ante intelligebatur, quod te quoque ipsum discedentem a nobis suspicari videbam, subesse nescio quid opinionis incommodæ, sauciumque ejus animum suscepisse quasdam odiosas suspiciones; quibus ego mederi quum cuperem antea sæpe, et vehementius etiam post sortitionem provinciæ Asiæ, nec tantum intelligebam ei esse offensionis, quantum litteræ declarant, nec tantum proficiebam quantum volebam.

VERSION 129.

Ab adulatoribus caveant viri principes.

Nemo est his in terris cui aliquid non desit. Sunt quidem qui rebus omnibus abundent, sed abest sæpe res omnium præstantissima, amicus, qui verum dicat. Principibus et potentibus viris nemo suadet ex animi sententia : circumveniuntur ab adulatoribus, qui inter se contendunt quis blandissime fallat. Ignorantes seipsos, et se tam magnos rati, quam audiunt, cupiditatibus suis obsequuntur, bella temere suscipiunt; et quia nemo est qui dissuadeat, res suas in summum discrimen adducunt. Perfectus fuisset princeps Valentinianus, si caruisset infidis hominibus, quibus quasi fidissimis prudentissimisque sese dederat, aut si fuisset usus probatis et eruditis monitoribus.

VERSION 130.

Imperii romani exordium.

Romanum imperium minus omnium, si originem repetas; et, si incrementa ejus consideres, majus post hominum memoriam, a Romulo exordium habet; qui vestalis virginis filius, et quantum putatus est, Martis cum Remo fratre uno partu editus est. Hic quum inter pastores latrocinaretur, octo et decem annos natus, urbem exiguam in Palatino monte constituit. Condita civitate, quam ex nomine suo Romam vocavit, hæc fere egit : multitudinem finitimorum in civitatem recepit; centum ex senioribus elegit, quorum consilio omnia ageret; eos senatores nominavit, propter senectutem. Tum, quum uxores ipse et populus non haberent, invitavit ad spectaculum ludorum vicinas Urbis nationes, atque earum virgines rapuit. Commotis bellis propter raptarum injuriam, finitimos populos vicit. Quum autem, orta subito tempestate, non comparuisset, ad deos transiisse creditur et consecratur.

VERSION 131.

Solus felix vir probus.

Quemadmodum civitas in seditione beata esse non potest, sic animus secum ipse discordans veram voluptatem gustare non potest. Ne igitur eum existimetis beatum, qui perturbatione quadam movetur. Ille habendus est beatus, cui unum bonum honestas, cui unum malum turpitudo videatur; qui voluptates contemnere gaudeat, quem non extollant fortuita, neque frangant adversa. Beatus est qui fortuna utitur, et ei non servit. Quisquis ita agit, hunc sequantur necesse est gaudium inconcussum et æquabile, pax animi vera, perpetua tranquillitas et libertas. Infelicissimus autem habendus quisquis cupiditatibus servit; illæ enim beatæ vitæ nullum locum relinquunt.

VERSION 132.

Pontii Telesini mors.

Quo tempore civilium bellorum flammis totam Italiam Sylla populabatur, Carbone et juniore Mario consulibus, Pontius Telesinus Samnitum dux, vir publicæ administrationis domi peritissimus, idemque fortissimus imperator, romano nomini infensissimus, contractis quadraginta millibus animosæ et in retinendis armis pertinacissimæ juventutis, ad portam Collinam cum Sylla dimicavit; et haud multum afuit, quin romanus imperator, ipsaque respublica uno eodemque die interirent. Roma enim, Annibalis intra tertium milliarium castra conspicata, non majus periculum adiit, quam quum ordines circumvolitans Telesinus, dictitansque urbi impendere diem ultimum, diruendam eam esse vociferaretur; adjiciens Romanos tum demum italicæ libertati parcituros, quum silva, in quam isti raptores lupi confugerent, esset radicitus excisa. Post primam noctis horam, cessere ambo exercitus. Telesinus, postera die, semianimis repertus est, victoris magis, quam morientis vultum præferens. Milites, duce amisso, nullam discedendi moram fecerunt, atque ita Syllanis partibus concesserunt victoriam.

VERSION 133.

Anserculus et mater ejus.

Non placebat matri anserculi sui gressus. Ducere igitur, ac præcipere illi primum, ne in latus utrumque nutando, quasi claudicaret, ita ingrederetur. Pullus quum hoc tentaret, neque succederet res, ramusculos alligat ad crura sua, quibus sustentatus ingrederetur æquabilius, sed illi procumbere in lacunulas, et natitare volentem, impediebant. Tum mater: « Caput saltem, inquit, teneto. » Ille, erecto collo, caput sursum immobile tenens, ad obvia quæque offendebat, quum oculi non prospicerent, sed suspicerent. Tum mater : « At tu, inquit, et pedibus, et capite sic utere, ut majores omnes tui usi fuere. » Frustra laborari fabula docet in iis emendandis, quæ sunt insitæ aut confirmatæ cujusdam pravitatis.

VERSION 134.

Cæsaris Augusti clementia.

Homines clementia id sæpe consequuntur quod severitate consequi non potuerunt. Accepit Cæsar Augustus sibi fieri insidias a Lucio Cinna. Dictum ei erat, ubi, quando, quibus consciis, et quo modo ipsum aggredi vellet Cinna. Principi sollicito admodum, et quid consilii caperet incerto suasit uxor Livia ut, quoniam severitate nihil adhuc profecisset, clementiam experiretur, et Cinnæ ignosceret. Id fecit, huncque postea ita amicum et fidelem habuit, ut non solum ab ipso insidiis amplius non fuerit petitus, sed etiam Cinna heredem illum solum habuerit.

VERSION 135.

Alexandri pueritia.

Vix duodecim annos natus erat Alexander, quum excelsæ indolis indicia dedit haud dubia. Erat pedibus velocissimus. Nonnullis interrogantibus, an libenter decertaret in olympico stadio, respondit : « Libenter, si cum regibus decertaturus sum. » Legati a Persarum rege missi sunt ad Philippum, qui tunc aberat ; eos benigne et magnifice recepit Alexander : nihil humile, nihil puerile ab his sciscitatus est, sed inquirebat nunc de viarum longitudine et difficultate, nunc de rege, quæ ejus indoles, quæ ejus in prœliis virtus ; nunc de Persis, qui eorum habitus, quæ vires, quæ potentia. Hanc sagacitatem Alexandri adhuc pueri mirati sunt legati, prædixeruntque eum fore Philippo patre superiorem.

VERSION 136.

De bello ac pace.

Tam dulce pacis nomen, tam popularis appellatio est, ut communibus studiis votisque exspectetur. Quam luctuosa vero belli facies, quam horrida! Quis eam animo quum effingit, non reformidet monstrum immane, quod pavor antecedit, comitantur vis et furor, quod vastitas et incendium consequuntur? Laudet vero bellum juventus æstuans gloriæ cupiditate, ac venales morte lauros quærat! Sint apud quos tam suaves illecebras cruentus armorum ludus habeat, ut nullam viris fortibus sine bello vitam esse arbitrentur; sint qui victoriam et victoriæ comitem gloriam extollant : hi nunquam efficient, ut existimem ea esse tanti, si cum pacis suavitate commodisque conferantur, quæ civitates civibus numerosis plenas exhibet, domos multa prole, senes quos diuturna felicitas usque ad tumulum consequitur, juvenes lætiores spe longioris ævi, quam gloriæ cupiditate, in qua situs est rerum bene gestarum fructus.

VERSION 137.

Alexander Magnus Homeri admirator.

Quidam prosperæ gestæ rei nuntius, quum citato cursu ad Alexandrum ferretur, dextramque porrigeret, vultu maximæ lætitiæ notas præferente : « Quid mihi nuntiaturus es tanto gaudio dignum, inquit, nisi forsan Homerus revixit? » Sed tum eo jam felicitatis pervenerat, ut propre modum exsatiatæ gloriæ nihil deesse putaret, præter idoneum buccinatorem. Crebra autem lectione totum fere edidicit, ut nemo neque promptius eo familiariusque uteretur, neque exactius de eo judicaret. Ex omnibus autem ejus carminibus, maxime probabat versum, quo boni simul imperatoris, robustique militis laudes Agamemnoni tribuuntur ; eumque præcipuum virtutis incitamentum, et veluti morum suorum magistrum habuit.

VERSION 138.

Judicis officium.

Judicis est a vero nunquam declinare, ne peccet. Chilo, vir sapiens, judex aliquando fuit amici cum duobus aliis judicibus. Quum eo adduceretur, ut amicus ipsius esset damnandus, aut fraus adhibenda legi, sententiam suam dissimulavit, et sociis persuasit, ut reum absolverent. Putavit se judicis et amici officio functum fuisse : at, instante morte, circumstantibus dixit, se ex eo facto molestiam capere, quod timeret, ne perfide egisset, quum in eadem re, eodem tempore et communi negotio, aliud suasisset, aliud fecisset. Et merito quidem : a justitia enim discessit, quum falsum conservandi amici gratia consilium dedit.

VERSION 139.

Origo et mores Parthorum.

Parthi, penes quos Orientis imperium fuit, Scytharum exsules fuere. Hoc etiam ipsorum vocabulo manifestatur ; nam sermone scythico Parthi exsules significant. Hi cominus in acie prœliari, aut obsessas expugnare urbes nesciunt. Pugnant autem procurrentibus equis, aut terga dantibus : sæpe etiam fugam simulant, ut incautiores adversum vulnera insequentes habeant. Signum in prœlio non tuba, sed tympano datur. Nec prœliari diu possunt. Ceteris intolerandi forent, si quantus eis impetus est, vis tanta et perseverantia esset. Plerumque in ipso ardore certaminis prœlia deserunt, ac paulo post pugnam ex fuga repetunt, ut, quum maxime vicisse te putes, tum tibi discrimen subeundum sit. Munimentum ipsis equisque loricæ lunatæ sunt, quæ utrumque toto corpore tegunt : auri argentique nullus nisi in armis usus.

VERSION 140.

Roma a F. Camillo liberata.

Ejecto per invidiam e civitate Furio Camillo, statim Galli Senones ad Urbem venerunt, et victos Romanos undecimo milliario ab urbe Roma, apud flumen Alliam secuti, etiam Urbem occupaverunt : neque defendi quidquam nisi Capitolium potuit. Quod quum diu obsedissent, et jam Romani fame laborarent, a Camillo, qui in vicina civitate exsulabat, Gallis superventum est, gravissimeque victi sunt : postea tamen, accepto etiam auro, ne Capitolium obsiderent, recesserunt. Sed secutus eos Camillus, ita cecidit, ut et aurum, quod his datum fuerat, et omnia quæ ceperant militaria signa, revocaret. Ita tertium triumphans Urbem ingressus est, et appellatus secundus Romulus, quasi et ipse patriæ conditor.

VERSION 141.

Loquacis effigies.

Loquacibus insitum est ut, prodigiorum instar omnia augeant, studeantque audientium aures narrationum miraculis detinere. Forte in circulo quodam sermo inciderat de iis hominibus, qui a bestiis quibusdam natura refugiunt. « Equidem, inquit unus, omne felium genus aversor odio prorsus insanabili ; cujus rei certissimum argumentum accipite. Nuper mihi per quamdam aream tum primum iter facienti repente suboritur frigidus sudor, totiusque corporis debilitas. Mirabar quid rei esset, donec suspicientem forte perculit me imminens capiti feles, in signo quodam depicta. » Ejusmodi homines festivissime confutaveris, si absurdum aliquid et incredibile in eamdem sententiam de industria fictum vicissim reddideris. Mira et inaudita de pavore narrabat quidam. Multus erat in nominandis hominibus, quibus pavor improvisus repente canitiem afflaverat. « Age vero, quid mirum, inquit alter, quum et ipse noverim aliquem, cujus coma adscititia, quum nigraret, subito timore alba facta fuerit? »

VERSION 142.

Fulvii Nobilioris, Romanorum ducis, solertia.

Fulvius Nobilior, quum ex Samnio in Lucanos exercitum duceret, et cognovisset a perfugis, hostes novissimum agmen ejus aggressuros, fortissimam legionem primo ire, ultimo sequi jussit impedimenta. Ita factum pro occasione amplexi hostes, diripere sarcinas cœperunt. Fulvius legionis, de qua supra dictum est, quinque cohortes in dextram partem viæ direxit, quinque ad sinistram : atque ita prædationi intentos hostes, explicato per utraque latera milite, clausit ceciditque. Idem hostibus tergum ejus in itinere prementibus, dum flumine interveniente, non ita magno ut transitum prohiberet, moraretur tamen rapiditate, alteram legionem in occulto citra flumen collocavit, ut hostes, paucitate contempta, audacius sequerentur : quod ubi factum est, legio, quæ ad hoc disposita erat, ex insidiis hostem aggressa fugavit.

VERSION 143.

Athenienses objurgat Demosthenes.

Quum olim Demosthenes ad Athenienses verba faceret, nec attentos haberet, hac fabella attentionem eorum excitavit. « Asinum quidam conduxerat adolescens, Athenis Megaram iturus; quumque flagrante jam meridie (æstas enim erat) calor cœpisset esse vehementior, sub asini ventrem se conjecit, ut umbram captaret. At is qui locaverat asinum, litem ei intendit, asserens se asinum, non asini umbram, locasse. » Hac fabella excitati auditores, animos et aures arrexerunt. Quod ubi Demosthenes vidit, illos graviter objurgare cœpit, qui de nugis audiendis solliciti, utilia et necessaria negligerent.

VERSION 144.

Agathocles protervos callide irridet.

Quum Agathocles, Siciliæ rex, patre figulo natus, obsideret urbem quamdam, e muris milites hostiles in eum convicia jaciebant. « Figule, inquiebant, ecquando tuis militibus stipendium persolves? » Quibus ille placidus ac renidens, responderi jussit : « Quum hanc cepero. » Quum igitur urbe vi potitus esset, captivos eos vendidit, venditisque : « Si me, inquit, denuo conviciis affeceritis, de vobis apud vestros dominos querar. »

VERSION 145.

Quomodo pueri litteras doceantur.

Cavendum est imprimis ne puer oderit studia; eorum enim forte amaritudo præcepta in infantia ultra rudes annos transiret. Sint ei litteræ vel buxeæ vel eburneæ, et suis nominibus appellentur: ludat in eis, ut et lusus ipse eruditus sit; et non solum ordinem litterarum teneat, vana fugitivaque nominum memoria; sed et ipse aliquando earum inter se ordo turbetur, et mediis ultima, primis media misceantur, ut eas non sono tantum, sed visu etiam noverit. Syllabas jungat ad præmium, et quibus illa ætas deliniri potest, munusculis invitetur. Magister probæ ætatis et vitæ et doctrinæ est eligendus; non sunt enim contemnenda quasi parva, sine quibus magna consistere non possunt. Ipse elementorum sonus et prima præceptorum institutio aliter de erudito, aliter de rustico ore profertur.

VERSION 146.

De disciplinarum utilitate.

Quas scripsit Aristoteli Philippus, Macedonum rex, litteras nemo legere potest, quin summa admiratione afficiatur, quum videat virum illum, non tam genito filio gaudentem, quam quod præclarissimum hujusce ætatis philosophum præceptorem audire Alexandro contingeret. Hic vero non minorem laudem, dum carmina Homeri plurimi facit et Pindari memoriam pia prosequitur reverentia, quam quum gentes longe lateque domat, sibi comparavit. Illa scilicet ratione uterque disciplinarum et litterarum, quæ acceptam gloriam non sine fœnore principibus reddere solent, amorem animis injicere cupiebat. Ex eodem fonte orta dixerim, quæ in Universitatem olim singulari jure beneficia reges nostri contulerunt; et nemini totum orbem christianum testem audienti dubium esse potest, quin eorum spem impleverit. Ita enim se res omni tempore habebit : in illo semper florebunt, ubi excolentur, imperio artes ac disciplinæ, et vicissim imperio ac regi, per quem floruerint, magno erunt honori.

VERSION 147.

Quintilianus Tryphoni salutem.

Efflagitasti quotidiano convicio, ut libros, quos ad Marcellum meum scripseram, jam emittere inciperem; nam ipse eos nondum opinabar satis maturuisse, quibus componendis, ut scis, paulo plus quam biennium, tot alioqui negotiis districtus, impendi. Quod tempus non tam stylo, quam inquisitioni instituti operis prope infiniti et legendis auctoribus, qui sunt innumerabiles, datum est. Usus deinde Horatii consilio, qui in Arte poetica suadet, ne præcipitetur editio, nonumque prematur in annum, dabam iis otium, ut, refrigerato inventionis amore, diligentius repetitos tanquam lector perpenderem. Sed si tantopere efflagitantur, quam tu affirmas, permittamus vela ventis, et oram solventibus bene precemur. Multum autem in tua fide ac diligentia positum est, ut in manus hominum quam emendatissimi veniant.

VERSION 148.

Unde oriatur amicitia.

Est amicitia nihil aliud, nisi omnium divinarum humanarumque rerum cum benevolentia et caritate summa consensio : qua quidem haud scio an, excepta sapientia, quidquam melius homini sit a diis immortalibus datum. Divitias alii præponunt, bonam alii valetudinem, alii potentiam, alii honores; quæ quidem caduca et incerta sunt, posita non tam in consiliis nostris, quam in fortunæ temeritate. Qui autem in virtute summum bonum ponunt, præclare illi quidem; sed hæc ipsa virtus amicitiam et gignit et continet; nec sine virtute amicitia esse ullo pacto potest. Neque ego nunc de vulgari aut de mediocri, quæ tamen ipsa et delectat et prodest, sed de vera et perfecta amicitia loquor, qualis eorum qui pauci numerantur.

VERSION 149.

Cato puer indolem suam ostendit.

Quibusdam in pueris ea vis est naturæ, ut jam a teneris futuros eorum affectus liceat prænoscere. Apud Romanos vix infantia excesserat Cato, qui a fatali sibi Utica cognomen habuit, quum legati Latinorum, suæ genti jus civitatis oraturi, Romam veniunt, adeuntque Livium Drusum, Catonis patruum, apud quem ipse educabatur : eum per jocum rogant, an se aliquid apud patruum juvare precibus velit; hæret immotus, torvo simul eos vultu intuens. Tantulæ ætatis contumaciam admirati, et indolem experturi, blanditias, mox minas ingeminant, nec verbum extorquent. Tandem correptum extra alti triclinii fenestram aliquandiu versant, quasi in terram projecturi. Ille vero nihil territus, pejus etiam supercilium contraxit. Quæ quidem res severam Catonis Uticensis rigiditatem, qua deinceps inhorruit, haud ambigue prodebat.

VERSION 150.

Plinius Severo suo salutem.

Herennius Severus, vir doctissimus, magni æstimat in bibliotheca sua ponere imagines municipium tuorum, Cornelii Nepotis et Titi Cassii; petitque si sunt istic, ut esse credibile est, exscribendas pingendasque delegem. Quam curam tibi potissimum injungo : primum, quia desideriis meis amicissime obsequeris; deinde, quia tibi studiorum summa reverentia, summus amor studiosorum; postremo, quod patriam tuam, omnesque qui nomen ejus auxerunt, ut patriam ipsam, veneraris et diligis. Peto autem, ut pictorem quam diligentissimum assumas. Nam quum est arduum similitudinem effingere ex vero, tum longe difficillima est imitationis imitatio. A qua, rogo ut artificem, quem legeris, ne in melius quidem, sinas aberrare. Vale.

VERSION 151.

Francorum origo et primordia.

Non defuerunt Galliæ hostes. Narbonensem Galliam Gothi occuparunt, quam et Gothiam primum, mox Occitaniam vocitarunt. Aliam Galliæ partem, Burgundiam postea appellatam, insederunt Burgundiones. Franci, gens germanica, ejectis tandem et domitis barbaris populis, ipsisque Romanis, quibus aliqua tot inter tumultus remanserat imperii umbra, regni pulcherrimi fundamenta posuerunt, Pharamundo duce. Eorum virtus diu ante imperium a se conditum rebus fortiter gestis enituit; nam a Romanis ultro in barbaros evocati, magna gesserunt, viresque suas in castris romanis velut præludio experti sunt, quibus mox Romanos ipsos appeterent. Ac quidem constat Valentiniani temporibus illos floruisse; quumque primum suam ditionem propagare latius inceperant, non a Germanis tantum, sed etiam a Romanis crebro et frustra fuisse propulsatos.

VERSION 152.

Francorum origo (sequitur).

Aurelianus imperator Francos in Galliam irruentes arcuit, et apud Maguntiam eos afflixit; quæ victoria, tumultu magis quam virtute parta, adeo non ardorem Francorum exstinxit, ut contra auxerit. Per triginta et centum annos, variis subinde incursionibus Gallias Franci fatigaverant, toties exturbati; tandem in Germania posuere sedes in Sicambrorum terris, quorum adjuti viribus Cattorum oppida occuparunt, ut facilius et commodius Gallos finitimos bellis quotidianis lacesserent; donec Lucius quidam, vir consularis, quum ægre ferret injuriam quam ab Avito Galliarum præfecto acceperat, vindictæque cupidus, Francis arcessitis, Trevirorum urbem tradidit. Franci romana præsidia expellunt, et, victis humanitate magis quam armis populis, gentes finitimas, mitissimæ dominationis genere allectas, imperio suo haud ægre adjunxerunt. Pœnas proditionis easque gravissimas dedit Lucius, ab iis ipsis quos ultro adsciverat : nam interjectis aliquot mensibus, castra ejus Franci invadunt, ac securum ab hostibus et sopitum Lucium obtruncant.

VERSION 153.

Pharamundus.

Pharamundus, Marcomiri filius, imperio certe dignus, et usu rerum multarum tantæ molis capax, scientia militari et corporis statura, sed justitiæ imprimis studio insignis, in regem hoc modo inauguratus est; nam ante hunc, duces pro regibus Franci habuerant. Quum primum otio frui licuit, Francis jam multo labore fractis, veterani missionem efflagitarunt, juvenes stipendia, cuncti simul ærumnæ modum. Itaque conventu habito Treviris, in Constantini palatio, placuit primoribus regem unum omnium suffragiis cooptari, cui summa perpetuæ dictaturæ potestas deferretur. Nec diu cunctatum, nullo Pharamundum non deposcente. Sic, bonis avibus, in eo viro Franci regem acceperunt, anno post Christum natum vigesimo et quadringentesimo.

VERSION 154.

Pharamundus (sequitur).

Pharamundus idem regni auctor et legum, quo magis Francorum animis instituta figerentur, Numam secutus, ad numen aliquod retulit, perfecitque, ut a civibus cum reverentia audirentur, quasi illa dictitante Marte, quem Franci præcipue colebant, excepisset. Hinc salicas appellavit leges, a saliis, Martis sacerdotibus, quanquam multi dictas existimant a Saliis, Francorum præcipuis populis. Harum legum ea est potissima, ne qua femina regibus succederet, sed ad proximum quemque agnatum masculum, sceptrum transiret; indignum certe majestate regia reputans, si pro fuso femina tractaret lanceam. Quæ lex graves nonnunquam movit controversias, sed stetit semper.

VERSION 155.

Clodio.

Sublato e vivis Pharamundo, quasi cum eo imperium leve adhuc et nascens corruisset, subjugati Germanorum plerique trans Rhenum rebellionem agitarunt. Horum motus repressit Clodio celeritate incredibili ac felicitate. Fama est, Scaldim, Belgarum fluvium, cruore rubentem et exundantem visum; quod non regis victoris crudelitati, sed victæ nuper gentis pertinaciæ adscribendum, quæ, quamvis victa, parere indocilis, subinde rebellabat. Initium cladis a Cameraco et Tornaco clarissimis oppidis. Victor Clodio ita perfecit ingenita sibi ac genti francicæ humanitate, ut omnibus amabilis, in pace comis, in bello strenuus, utrobique summa moderatione excellens, dignus imperio censeretur.

VERSION 156.

Clodio (sequitur).

Franci, Clodione rege, Galliam secundo tentarunt, non magis prædæ spe, quam feracissimi soli ubertate allecti. Coactis igitur immensis copiis, finitimos agros pervastabant. Furentibus et omnia passim bello populantibus Vandalos, Burgundiones, aliosque populos, quorum invidiam moverant res prosperæ Francorum, Stilico opposuit. His impares Franci, in suas redire sedes coacti sunt. Interfecto Honorii imperatoris jussu Stiliconi Aetius successit. Is Francos iterum Gallias petentes afflixit, eorumque repressit impetum, qui postea sub Meroveo rege reparatus, exitum prosperiorem sortitus est. Itaque re infecta, Clodio tertium exercitum comparabat, quum, immaturo fato præventus, magno Francorum desiderio obiit.

VERSION 157.

Meroveus.

Honorio vita functo, duobus liberis superstitibus, Theodosio et Valentiniano, imperium divisum barbarorum incursionibus fuit vexatum. Franci sub Meroveo, Clodionis necessario, viro bellicoso et pugnæ avido, captis qua vi, qua deditione, non Belgarum modo, sed interioris Galliæ oppidis munitioribus, ad agrum usque parisiensem regionem omnem invaserant. Huic comprimendo Aetius, cui nuper abrogatum fuerat Galliarum imperium, a Valentiniano iterum cum magnis copiis missus, Meroveum amicum, non hostem habendum ratus, pace cum Francis inita, communibus copiis orbis universi hostem Attilam, Hunnorum regem, persecutus, rem francicam promovit.

VERSION 158.

Childericus.

Præclara satis Childerici, Merovei filii, initia ; sed cito fictæ virtutes evanuerunt, ut qui turpem et luxuriosam vitam ageret. Itaque mox e solio exturbatus est. Admissus vero postliminio in regnum, præteritæ calamitatis haud oblitus, melioribus artibus, quam iis quibus amiserat, principatum ad ultimum usque senium felix tenuit. Ægidium regni æmulum acie fugavit, vixque incolumem ad Suessionem, antiquam præfecturæ sedem, compulit. Receptus in regnum Childericus, præclara regiæ virtutis testimonia edidit, tantum generositatis præ se ferens specimen, quantum luxuriæ exemplum prius exstiterat.

VERSION 159.

Clodoveus.

Tantam olim dominationem a Julio Cæsare in Gallia occupatam penitus delevit Clodoveus, Francorum rex quintus. Qui quidem Childerici filius et successor fuit. Syagrius, Ægidii filius, Suessionum urbe pro regia sede utebatur. Hujus pater in acie superatus, et multis spoliatus oppidis fuerat. Inquietus filii animus quantum recuperandis rebus cogitabat, tantum de amplificando Francorum imperio Clodoveus angebatur. Hinc pudor, spes inde stimulabat avidos duces. Erupit tandem belli totis utrinque viribus gerendi cupido : itaque, indicto bello, Syagrius magnanimus quidem, sed parum felix, acriter pugnans, nihil quod ad fortissimum ducem spectaret prætermisit; sed a suo proditus est exercitu. At in mentem fugitivo venit, ut Gothorum rex succurrat Alaricus, fortunæ deterioris imagine nihil movendus. Quis in adversis servat fidem ? Ab hoc benigne primum exceptus, mox perfidiose deceptus, ac Clodoveo reposcenti redditus, lucis hujus et regni usuram amisit, eo tandem emolumento, ut amicitiæ ac fœderis pretium fieret. Victo Syagrio, ejectum quoque e Galliis imperii romani nomen.

VERSION 160.

Clodoveus (sequitur).

Clodoveus, fastidita quiete, sive sponte, seu sociarum gentium nomine ad bellum raptus, expeditionem in Allemanos Gallis certe ubique infensos parat. Horum rex, collecta ingenti multitudine, Francorum fines ingressus ac depopulatus, adversus Clodoveum in Tolbiaci campis aciem instruxit. Jamque Franci magna internecione cædebantur, quum rex, frustra obnixe Jovem suum precatus, prisco et absurdo gentium more, nec Statorem nec Feretrium, ut olim Romulus, expertus, Clotildis, piissimæ et christianæ uxoris, Deo se suosque devovit, futurus illico, si vinceret, christianus. Protinus inter primos et confertos hostes prævolans, Allemanis jam victoribus victoriam extorquet, turbat obvios, trudit, fugat. Memorabilis certe triumphus; si quidem reginæ et Remigii, sanctissimi præsulis, vocibus obtemperans et submittens colla ferox Sicamber, adoravit Christum, et antiqua incendit numina. Compositi sunt ad regis sui exemplum Franci. Vix credibile est quot millia obsoleti jam cultus partes deseruerint, et ad castra illa christianæ fidei convolarent.

FINIS.

TABLE
DES VERSIONS
DU COURS DE SIXIÈME.

1. Amor studii.	1
2. Aristidis laudes.	1
3. Leo et rana.	2
4. Agesilai abstinentia.	2
5. Viri principis officia.	3
6. Aristonis laudes.	3
7. Voluntas ipsa nocendi peccatum.	4
8. Rusticæ vitæ bona.	4
9. Homo et statua.	5
10. Reges romani.	6
11. Periclis prudentia.	6
12. In rebus prosperis adulatores fugito.	7
13. Socrates.	7
14. Ætatis aureæ descriptio.	8
15. Quomodo memoria augeatur.	9
16. Mensa aurea.	9
17. Diversa hominum studia.	10
18. Musca et formica.	10
19. Horatius poeta.	11
20. Princeps junior cum institutore suo.	12
21. Monossæ reginæ infortunium.	12
22. Fraterni amoris exemplum.	13
23. Lycurgi solertia.	14
24. Constantini imperatoris clementia.	14
25. Priscorum Germanorum mores.	15
26. De patriæ amore.	15

TABLE DES VERSIONS.

27. Reginæ Monossæ infortunium (*sequitur*). 15
28. Musica sit gravis et simplex. 16
29. Quid optimum sit factu quærendum, non quod usitatissimum. 17
30. Amnis. 18
31. Ad amicum filii sui præmaturum funus dolentem epistola. 18
32. Reginæ Monossæ infortunium (*sequitur*). 19
33. Veræ fortitudinis definitio. 19
34. M. T. Ciceronis acerbum funus. 20
35. Temporis jactura irreparabilis. 21
36. Amici præsertim principibus viris necessarii. 21
37. Juvenis Græci solertia. 22
38. Athenais virgo a Theodosio uxor eligitur. 22
39. Platonis moderatio. 23
40. Damon et Pythias. 23
41. Transitus maris Rubri. 24
42. Epaminondæ præclare factum. 25
43. Non vivere bonum, sed bene vivere. 25
44. Pater infelix, qui vitiosos habet liberos. 26
45. Miniarum conjugum egregium facinus. 26
46. Junioris Metelli in patrem pietas. 27
47. Macedonis militis perfidia. 28
48. Quibus scriptoribus præcipue studendum. 28
49. Judicum dignitas et auctoritas. 29
50. Simii. 30
51. Eximiæ institutionis exemplum. 31
52. De veterum coloniis. 32
53. De vita beata. 32
54. De fabulis. 33
55. Doctrinæ utilitas. 34
56. Mors Bucephali equi. 34
57. C. Marius in ruinis Carthaginis sedens. 35
58. Hispani cujusdam fraus detecta. 36
59. Providentiæ benignitas. 36
60. Æsopi solertia. 37
61. In vestitu munditia fugienda. 38

TABLE DES VERSIONS.

62. Hispani cujusdam fraus detecta (*sequitur*).	38
63. Ira brevis insania.	39
64. Totilæ moderatio.	40
65. Potor vino valedicit.	40
66. Scipionis Æmiliani temperantia.	41
67. Sapiens secundum philosophos.	41
68. Xenophontis patientia.	42
69. De vera gloria.	42
70. Hispani cujusdam fraus detecta (*finitur*).	43
71. Humana virtus misericordia.	44
72. Mira Philippi, Macedonum regis, patientia.	44
73. Menecratis medici jactantia.	45
74. Consules Romæ creati.	45
75. Drusi verba.	46
76. Mores aliorum irridere malum est.	47
77. Æmulationis utilitas.	47
78. Ovis et canis.	48
79. Cato fortitudine sua rempublicam defendit.	49
80. Gelonis laudes.	49
81. Plinius C. Tacito suo salutem.	50
82. Discendi cupiditas innata hominibus.	50
83. Agricola ad filios suos.	51
84. Alexandri Magni frugalitas.	52
85. Adolescentia sedulo exercenda.	52
86. Popilii firmitas.	53
87. Canis et paterfamilias.	54
88. Philoxenes poeta.	55
89. Ad amicum epistola.	55
90. Gigis pastoris historia.	56
91. Cambysis mors funesta.	57
92. Animum enervat voluptas eumque mollit.	57
93. Hierosolymæ exscidium.	58
94. Caligulæ dementia.	59
95. Cannensis pugna.	59
96. Tacere utilissimum.	60
97. Studiorum encomium.	61
98. Diogenis in studio philosophiæ pertinacia.	61

TABLE DES VERSIONS.

99. Ranæ.	62
100. Imperatoris Adriani effigies.	62
101. Pompeius apud Pharsalum victus fugatusque.	63
102. Cæsar fortuna confidit.	64
103. Veterum Romanorum abstinentia.	64
104. Alexander Magnus et Diogenes.	65
105. Æmulentur inter se discipuli.	65
106. De amicitia.	66
107. Miltiadis audacia.	67
108. Ad juventutem consilia.	67
109. Pica et columba.	68
110. Cicero Attico salutem.	69
111. Qualis esse debeat amicitia inter fratres.	69
112. Mors est lex universa.	70
113. Ad amicum.	70
114. Amor patrius apud Romanos.	71
115. In omni re fallacia fugienda.	72
116. Iracundiæ remedium.	72
117. Tarentini cujusdam libertas.	73
118. De rerum humanarum inconstantia.	74
119. Lectionis utilitas.	74
120. In Marcum Antonium.	75
121. Ad juvenem quemdam litterarum studio parum deditum.	76
122. Avari adumbratio.	76
123. De legum observantia.	77
124. Fames ciborum condimentum.	77
125. Pastor et coquus.	78
126. De Sallustio et Quinto Curtio.	78
127. Rex Tigranes Cneo Pompeio se dedit.	79
128. Cicero Attico salutem.	80
129. Ab adulatoribus caveant viri principes.	80
130. Imperii romani exordium.	81
131. Solus felix vir probus.	82
132. Pontii Telesini mors.	82
133. Anserculus et mater ejus.	83
134. Cæsaris Augusti clementia.	84

TABLE DES VERSIONS.

135. Alexandri pueritia.	84
136. Belli ac pacis descriptio.	85
137. Alexander Magnus Homeri admirator.	86
138. Judicis officium.	86
139. Origo et mores Parthorum.	87
140. Roma a F. Camillo liberata.	88
141. Loquacis effigies.	88
142. Fulvii Nobilioris, Romanorum ducis, solertia.	89
143. Athenienses objurgat Demosthenes.	90
144. Agathocles protervos callide irridet.	90
145. Quomodo pueri litteras doceantur.	91
146. De disciplinarum utilitate.	91
147. Quintilianus Tryphoni salutem.	92
148. Unde oriatur amicitia.	93
149. Cato puer indolem suam ostendit.	93
150. Plinius Severo suo salutem.	94
151. Francorum origo et primordia.	95
152. Francorum origo (*sequitur*).	95
153. Pharamundus, primus Francorum rex.	96
154. Pharamundus (*sequitur*).	97
155. Clodio.	97
156. Clodio (*sequitur*).	98
157. Meroveus.	99
158. Childericus.	99
159. Clodoveus.	100
160. Clodoveus (*sequitur*).	101

FINIS.

www.ingramcontent.com/pod-product-compliance
Lightning Source LLC
Chambersburg PA
CBHW070529100426
42743CB00010B/2007